Bernd Chibici

Alle reden ...
... keiner hört zu

Bernd Chibici

Alle reden …

… keiner hört zu

Die neuen Wege zu Aufmerksamkeit und Erfolg

HOLZHAUSEN

Vorwort

Wer hätte das für möglich gehalten? Wir stolpern in eine veritable Krise – und keiner merkt es. Ein fürwahr einzigartiger Fall von Betriebsblindheit, wie man das analytische Versagen von Systemen in eigener Sache nennt. Die menschliche Aufmerksamkeit, die „Radaranlage" der Sinne, ist mit der pausenlosen Ortung der vielen Sensationen, Attraktionen und Außergewöhnlichkeiten aller Art derart beschäftigt, dass sie Alarmierendes übersieht – ihr selbst gehen die Kräfte aus!

Dafür mehren sich die Indizien: Ein Drittel der Menschen wankt so übermüdet durch den Tag, dass ihm Hören und Sehen vergeht. Jeder vierte Jugendliche leidet an Hörschäden, die ein Übermaß an Lautstärke verursacht hat. Aber nicht allein deshalb können immer mehr Leute einfach nicht mehr zuhören. Jeder Fünfte hat in der Bilderflut den Umgang mit Buchstaben verlernt, ist funktioneller Analphabet.

Diese Entwicklung ist Konsequenz und Dilemma einer Zeit, in der nichts so gefragt ist wie Aufmerksamkeit. Medien, Unterhaltungsindustrie, Werbung, Politik, (Hoch-)Schule, Kunst, die Strebsamen, die Einsamen – um nur einige zu nennen – alles giert förmlich danach, weil Aufmerksamkeit der Treibstoff ist, ohne den in unseren Breiten fast alles stillsteht. Jeder will Aufmerksamkeit, kaum einer kriegt genug davon. Einige wenige allerdings, die großen Stars und die echten Prominenten, ziehen Massen in ihren Bann. Oft so sehr, dass es für die derart intensiv Bewunderten schon unerträglich wird.

Weil die Informationsgesellschaft nichts so sehr braucht wie Aufmerksamkeit, sind im Ringen darum, wie man sieht, hört und liest, alle Mittel recht. Es gibt kaum noch Tabus, die nicht gebrochen und Grenzen, die nicht überschritten werden, um zumindest die eine oder andere Sekunde dieser Kostbarkeit zu ergattern. Die Expansion von Provokation und Irritation scheint unaufhaltsam zu sein, denn Aufmerksamkeit ist nicht vermehrbar. Sie steht jedem Menschen, wie wir wissen, nur sehr eingeschränkt zur Verfügung. Konzentriert man sich auf das eine, bleibt das andere auf der Strecke.

Unser Sensorium ist also regelrecht gefangen von all den Aufregern, die ihm pausenlos serviert werden – die großen Knüller lassen es nicht los. Damit ist der Blick auf die Welt ein völlig anderer geworden. Die Reizschwelle der Wahrnehmung hat auch jenseits der Medienwelten vielfach Höhen erreicht, denen das Gewöhnliche, Herkömmliche, Durchschnittliche nicht mehr gewachsen ist.

Viele menschliche „Sender" – manche von ihnen sind in durchaus professionellem Umfeld tätig – verweigern sich dieser neuen Realität. Sie produzieren Unmengen an Botschaften in einer Form, die absolut niemanden mehr interessiert und von nicht wenigen sogar als Provokation empfunden wird. Musterbeispiel dafür ist die antiquierte Veranstaltungskultur, der nicht allein die Politik – zum eigenen Schaden – nach wie vor nicht entkommen kann. Jeder kennt die zahlreichen merkwürdigen Ereignisse nach dem Motto „Alle reden, keiner hört zu!"

Die neuen Wege zum Erfolg in allen Lebensbereichen verlangen ein radikales Umdenken im Umgang mit der menschlichen Aufmerksamkeit. In diesem Sinne versucht auch dieses Buch sehr eigenständige Wege zu gehen.

Es tanzt bewusst – die Bücherregale mögen es verzeihen – mit einem ungewöhnlichen Format aus der Reihe. Auch, um der Rückseite des Covers eine nützliche Zusatzfunktion als aufstellbare Appelltafel („Bitte um Aufmerksamkeit!") geben zu können.

Es setzt stark auf die kommunikative Kraft von Illustrationen, Fotos und Farben.

Es bemüht sich, im Respekt vor veränderten Lesegewohnheiten möglichst direkt zur Sache zu kommen. Auf diese Weise ist es gelungen, quasi zwei Bücher in einem unterzubringen. Teil eins will die neuen Herausforderungen aufzeigen, Teil zwei Lösungen anbieten.

Nun liegt alles an Ihrer Aufmerksamkeit!

Alles dreht sich um Aufmerksamkeit

Wir leben in einer Zeit rasender und weitreichender Veränderungen. Sie überhäuft uns einerseits mit großartigen Geschenken der Technik, des Wissens und des Wohlstands, aber sie macht auch ratlos, denn unglaublich vieles gerät derzeit aus dem Lot. Die einst so mächtige Politik scheint machtlos gegenüber einem wachsenden Wählerschwund zu sein. Unsere Ökonomie steht im Banne eines Duells, bei dem sich der tüchtige David des kleinen und mittleren Unternehmertums gegen den Goliath der Globalisierung und der Gigantomanie einfach nicht zu helfen weiß. In leeren Kirchen spürt man förmlich das Wanken der Wertewelt und das soziale Empfinden insgesamt wacht nur dann noch auf, wenn es um spektakuläres Leid geht. Und die Menschen haben sich – ausgenommen am Handy und im Chatroom – immer weniger zu sagen, weil die Themen des Alltags einfach viel fader sind als das Feuerwerk des Flimmerkastens und des heißen Storymarkts.

Die Welt steckt in der ungewöhnlichsten **Energiekrise** ihrer Geschichte. Ihr fehlt an allen möglichen bedeutsamen Ecken und Enden jener (Anziehungs-)Kraftstoff, ohne den im von Reizen überfluteten Informationszeitalter für die sowohl verwöhnte als auch überstrapazierte menschliche Aufmerksamkeit nichts mehr läuft. Diese Energie, so etwas wie der Strom für die Sinne, wird über große Entfernungen von den zahllosen Hochspannungs-

- **Eine Energiekrise der anderen Art**
- **Die immaterielle Revolution**
- **Der verlorene Schlaf**
- **Es regiert das Politainment**

leitungen der Medienbranche getragen. Sie „funkt" aber natürlich auch von Mensch zu Mensch. Und sie entscheidet über die großen Siege und die schmerzhaften Niederlagen auf den größten und kleinsten Bühnen dieser Welt. Im totalen Rampenlicht und im Büro von nebenan.

Die aufregende Wechselbeziehung zwischen Aufmerksamkeit und Attraktions-Energie – etwas klangvoller und kürzer nennen wir sie in weiterer Folge nur **Attnergy** – bestimmt derzeit den Lauf der Welt. Wer und was reichlich damit aufgeladen ist, dem liegt die Welt zu Füßen. Wer und was zu wenig davon bieten kann, wird nur allzu leicht übersehen, überhört, ganz einfach links liegen gelassen.

Weil sich mittlerweile schon fast alles um Werbewerte, Quoten, Auflagen-, Hörer-, Leser- und Umfragezahlen dreht, wird unsere Epoche wohl als „Kultur der Aufmerksamkeit" in die Geschichte eingehen – nur heute ist das vielen noch nicht ausreichend bewusst. Folglich wird es höchste Zeit, uns mutig dieser neuen Wirklichkeit zu stellen, indem wir einerseits so etwas wie Attnergy-Kraftwerke errichten, aber andererseits auch auf eine kritische Spurensuche gehen.

Auf der entdeckt man zunächst, dass die Aufmerksamkeitskultur mit zwei traditionsstarken Gewohnheiten bricht.

- Bislang schien alles, nach dem wir gierten – von Fahrzeug bis Feinkost – nahezu beliebig vermehrbar zu sein. Aufmerksamkeit jedoch, die heiß begehrte Anlegestelle im immer mächtigeren Meer der Sinnesreize, steht dem Menschen nur als biologisch stark eingeschränkte Ressource zur Verfügung. Also gelten die einfachen Gesetze des Marktes: Große Nachfrage und kleines Angebot ist gleich hoher Preis. Im konkreten Fall sind besondere Höhen garantiert, denn ohne Aufmerksamkeit ist für die Medien nichts zu holen, sind Produkte unverkäuflich, Wahlen nicht zu gewinnen, findet der Mensch nicht mehr zum Menschen.
- Die Wege zu Macht und Einfluss waren bisher immer mit materiellen Gütern gepflastert. Mit Edelstein, Gold, Geld oder – noch besser – mit reichen Ölschätzen. Nun scheint der Stern der materiellen Werte aber im Sinken zu sein. Wir stehen an der Schwelle zu einer immateriellen Revolution. Der Zauber, der uns lockt, heißt Prominenz, Starkult, Bewunderung – eben die große Aufmerksamkeit. Manches davon ist, wie man weiß, käuflich. Aber nicht alles. Menschliches Charisma kann in Zeiten wie diesen im Rennen um die Wahrnehmung ganz locker selbst einen schnittigen Ferrari schlagen.

Starkult – die ganz große Aufmerksamkeit

Also liegt es durchaus nahe, von einer neuen „Ökonomie der Aufmerksamkeit" zu sprechen, wie das einige Vordenker schon seit geraumer Zeit tun. Einer von ihnen heißt Michael Goldhaber und lebt als freier Wissenschaftler und Autor in Oakland (Kalifornien). Er bringt die Dinge einfach auf den Punkt: „Materielle Güter sind im Überschuss vorhanden. Knapp ist lediglich die Aufmerksamkeit, die wir brauchen, um diese Produkte zu konsumieren." Er teilt nur noch in zwei „elementare Klassen der Aufmerksamkeits-Ökonomie" – die Stars, die alle Aufmerksamkeit besitzen, und die Fans, die alle Aufmerksamkeit auf die Stars richten.

Ähnlich sieht das auch Georg Franck, Professor an der Technischen Universität Wien und angesehener Fachmann für Raumökonomie und Stadtentwicklung, der bereits 1998 ein viel beachtetes Buch zum Thema geschrieben hat: „Die Aufmerksamkeit anderer Menschen ist die unwiderstehlichste aller Drogen. Ihr Bezug sticht jedes andere Einkommen aus. Darum steht der Ruhm über der Macht, darum verblasst der Reichtum neben der **Prominenz**".

Damit deutet Franck selbst an, dass möglicherweise die ökonomische Sicht der Dinge nicht weit genug reicht. Sie konzentriert sich auf die wirtschaftlichen Abläufe in der menschlichen Gesellschaft, aber die genannte „Droge" wirkt in alle Lebensbereiche hinein, prägt eine Aufmerksamkeitskultur, die uns alle rundum fest im Griff hat. Man denke nur an das tragische Phänomen des Terrorismus, der so etwas wie die moderne Kriegsführung der Aufmerksamkeitskultur geworden ist und vorerst zumindest als so gut wie unbezwingbar erscheint. Gezielte, spektakuläre Einzelschläge erreichen mit medialer Multiplikation verheerende psychologische Massenwirkung.

Bleiben wir aber noch kurz bei der ökonomischen Sicht. Wie wenig wir uns noch mit den neuen Wirklichkeiten auseinander gesetzt haben, wird schon im Sprachgebrauch deutlich – da ist davon die Rede, dass wir die kostbare Aufmerksamkeit **„verschenken"**. Derartige Großzügigkeit entbehrt längst jeder Realität, im Kopf ist zur Bewältigung der von Auge, Ohr und Co. gelieferten, gewaltigen Datenfülle effizientes Informationsmanagement angesagt. Der „Abteilung für Aufklärung“, die eng mit dem Bewusstsein zusammenarbeitet, fehlt schon allein die Zeit für Sentimentalitäten und Höflichkeiten. Sie kann sich – getrieben vom motivationshungrigen Belohnungszentrum des Gehirns – nur noch jenen Dingen widmen, die ihr entweder höchsten Neuigkeitswert oder maximale Befriedigung vermitteln. Die damit verbundenen Entscheidungen fordern heraus, denn das Angebot wird bekanntlich immer besser, bunter und aufregender. Die Aufmerksamkeit steht, wie wir alle hautnah erleben, unter **Dauerstress.** Tag für Tag finden wahre Berge von zu Papier gewordenen Botschaften den Weg durch den Briefschlitz. Nicht nur Zeitungen kämpfen mit starken Bildern und spannenden Schlagzeilen um die Leselust des Konsumenten, sondern auch Unmengen an Prospekten, Broschüren und Flugblättern legen es zum Teil

Der tägliche Irrwitz am Briefschlitz

höchst raffiniert darauf an, unbedingt wahrgenommen zu werden. Nur ein sehr gut gemachter Bruchteil schafft es, nicht ungelesen im Altpapiercontainer zu landen. Diese geballte Informationskraft von Handelsunternehmen, Dienstleistern, politischen Parteien, Bürgerinitiativen und anderen will Kunden, Wähler, Mitglieder oder Mitkämpfer quasi zu Hause abholen. Auf der Straße geht es dann weiter, unsere Sinne geraten unter kreatives Dauerfeuer der Werbung – der durchschnittliche Bürger wird solcherart nach Schätzungen von Experten täglich im Durchschnitt bereits über 2000 Mal kontaktiert. Menschen mit dynamischerem Lebensumfeld können locker das Doppelte und mehr abkriegen.

Auch unser kompliziert gewordenes Leben versucht man mit Bergen von Papier zu entwirren. Was kaum gelingt, wie ein kommunikatives Kuriosum des High-Tech-Zeitalters belegt. Der Fortschritt hat uns wahre Wunderdinger der Unterhaltungselektronik, der mobilen Telefonie, des Haushalts geschenkt, aber zahlreiche Leute können nur einen Bruchteil der unglaublichen Fähigkeiten ihrer elektronischen Geräte nützen. Das liegt erstens an der Tatsache, dass all die Kunstwerke der Technik von Benutzerfreundlichkeit noch Lichtjahre entfernt sind. Zweitens scheitert man daran, dass es einfach nicht gelingt, komplexere Themen in jener Klarheit, Kürze und Visualisierung zu erklären, die Aufmerksamkeit heute einfordert.

Die entscheidende Bedeutung für die moderne Aufmerksamkeitskultur hat jedoch die regelrechte Explosion der Medienvielfalt. Sie trägt maßgeblich dazu bei, dass Frau und Mann heute im Schnitt nur noch **sieben Stunden** (statt einst neun) schlafen – sie wollen und können sich nichts entgehen lassen. Von den solcherart verbleibenden 17 Stunden der Schlaflosigkeit gehört inzwischen fast die Hälfte einer belebten, bunten, aber nur in einer Richtung befahrbaren Straße namens Medienkonsum. Einer kommunikativen Einbahnstraße!

Werbung, Politik, Fernsehen, Radio, Zeitung, Internet – alles „redet" in Bildern, Tönen und Texten mit dem einzelnen Menschen, aber (fast) keiner hört ihm noch zu.

Frau und Mann finden mit ihren persönlichen Freuden und Sorgen immer weniger Aufmerksamkeit. Sie müssen sich damit zufrieden geben, dass der Nachrichtensprecher auf dem Bildschirm so tut, als würde er sie ansehen. In Wirklichkeit liest er – wie man beim genauen Beobachten der Augen erkennt – seine Texte, die der „Teleprompter" in die Kameralinse einspiegelt. Da geht Herr Gottschalk schon direkter und fröhlicher mit uns um. Aber zuhören kann auch er uns nicht.

Dabei wissen wir, dass alle Säugetiere ein geradezu triebhaftes Bedürfnis nach Aufmerksamkeit haben, der menschliche Nachwuchs ganz besonders. Die tragische Konsequenz völligen **Aufmerksamkeitsentzuges** kennen wir aus den Geschichtsbüchern: Sowohl Kaiser Friedrich II. (1194 bis 1250) als auch der Schottenkönig Jakob IV. (1488 bis 1513) hatten Auftrag gegeben, einige ausgesuchte Säuglinge zwar mit allem Lebensnotwendigen zu versorgen, sie aber nicht anzusprechen. Man wollte auf diese Weise entdecken, zu welcher „angeborenen" Sprache sie finden. Da wie dort endeten die Experimente tragisch – die Kinder starben. An fehlender Zuwendung!

Auch für erwachsene Menschen hat, sagen die Fachleute, die Aufmerksamkeit der anderen nicht nur Bedeutung als Zieladresse der eigenen Eitelkeiten. Man muss die Aufmerksamkeit der anderen spüren, um dem eigenen Leben damit Bedeutung geben zu können. Leider kriegt man heute nur noch spärliche Rationen davon, weil herkömmliche Lebensgeschichten mit Bestsellern nicht mithalten können. Wohl nicht zuletzt deshalb leidet man mehr denn je an mangelndem **Selbstwertgefühl** – oder man löst das Problem mit einer Flucht in Überinszenierungen. Im Punker-Look zum Beispiel ist es kaum noch möglich, übersehen zu werden.

Die Goldgräbertypen der Aufmerksamkeitskultur haben die Zeichen der Zeit erkannt und laden sich mit so viel Attnergy wie möglich auf. Sie setzen auf Typ-Beratung, belegen Rhetorikkurse, lernen Körpersprache, verschlingen die vielen verschiedenen Lehren und Bücher, die den

EINE KLARE BOTSCHAFT: „ICH WILL AUFMERKSAMKEIT!“

großen Boom der Selbstveränderung oder Persönlichkeitsbildung mittragen. Um sie müssen wir uns wenig Sorgen machen.
Viele reagieren instinktiv auf das neue Attnergy-Prinzip mit einem „Weg-von-der-Mitte-Reflex“, der oft fieberhaften Suche nach dem **Anderssein.** Die führt nicht nur zur Tätowierung und zum Piercing (die beide inzwischen auch wieder Massenware sind), sondern auch zu Marathonläufen, Bungeejumping, Abenteuerurlaub und so weiter. Letztere haben vor allem einen entscheidenden Vorteil: Man kann Geschichten erzählen, denen wirklich noch gelauscht wird. Aber auch nicht mehr überall, denn auf solche Ideen sind mittlerweile schon ziemlich viele gekommen.
Die Krise des Zuhörens lässt eigenartige neue **Gesprächsrituale** entstehen. Der in der medialen Kommunikationseinbahn von gehörlosen Wort- und Bilderschwallmaschinen verursachte Seelenstau und das damit verbundene Mitteilungsbedürfnis sind enorm. Jeder braucht es dringend, dass er endlich einmal seine Sicht der Dinge – die übrigens meistens das Fernsehprogramm vom Vorabend betrifft – gegenüber einem angeblich zuhörenden Mitmenschen vom Stapel lassen kann. Für die Botschaften seines Gegenübers mimt er

zwar höflich Interesse, aber von echter Aufmerksamkeit und Anteilnahme kann nicht die Rede sein. Aber wer findet die heutzutage?

Selbst das Fernsehen ist nicht mehr der Heuler von einst. Vorbei sind die seligen Zeiten der „Straßenfeger", als sich die Nation nach 20.15 Uhr zum Serienkrimi zurückzog und die Programm-Macher noch nicht von Quoten gequält wurden. Heute führt die Rastlosigkeit Regie. Drei Viertel der TV-Konsumenten **zappen** sich kreuz und quer durch den Flimmerkasten, weil ihnen auch die irrsten Verfolgungsjagden all der telegenen Kommissarinnen und Kommissare nicht mehr genug Spannung bieten können und selbst schräge Container-Shows schon abgedroschen sind. Von der leidenslastigen Schwere der Nachrichtensendungen haben immer mehr junge Menschen die Nase voll, sie bekennen sich zur Informationsverweigerung. Aber auch die (vielen allzu dick aufgetragene) Welt der Konsumfröhlichkeit schafft es in den Werbeblöcken nicht, diese Fernseh-Abtrünnigen auf-

Die Fernbedienung gewinnt immer mehr an Bedeutung – drei Viertel zappen sich kreuz und quer durch das TV-Programm

zunehmen, im Gegenteil – sie treibt nicht wenige in die so genannte Werbeflucht.
Die Politik weiß nicht, wie sie aus der Sackgasse der zunehmenden Interesselosigkeit finden soll, und wird immer öfter an ihrem kargen Unterhaltungswert und nicht an ihrer gesellschaftlichen Bedeutung gemessen. Wen wundert es dann, wenn sich soziale Themen auf dem Aufmerksamkeitsmarkt immer schwerer durchsetzen können – es mangelt den meisten an emotionaler Attraktivität. An die Herzen der Menschen dringen nur noch Anliegen mit starkem und professionellem Marketing oder unter die Haut gehendem Story-Faktor. Allerdings: Für spektakuläre Not haben wir ein riesengroßes Herz – da purzeln die Spendenrekorde nur so, ja man hat fast den Eindruck, dass der Mensch darauf wartet, endlich so etwas wie Dampf der Menschlichkeit ablassen zu können. Bei Hochwasser- und Erdbebenkatastrophen und in der Hochsaison des Gebens, im Advent, dürfen wir zufrieden feststellen, dass es die Nächstenliebe noch gibt. Aber die leise Not bleibt chancenlos, weil sie nicht mehr zu hören ist. Ein tragisches Schicksal der Aufmerksamkeitskultur.
Ein ähnliches Schicksal hat Nachbarschaft und **Verwandtschaft,** für die der Aufmerksamkeits-Platz einfach eng wird. Nicht zuletzt deshalb, weil Prominente, die modernen Medien-Angehörigen, mit ihrer üppigen Attnergy bunter und interessanter sind und noch dazu fast täglich bei uns zu Hause vorbeischauen. Meist beim Frühstück – über die Zeitung – und dann auch noch im Hauptabendprogramm des Fernsehens. Also weiß man von Prinzessinnen, Weltmeistern und Popgrößen eben weit mehr als von durchschnittlichen Tanten und Onkeln, Schwestern und Brüdern sowie anderen, die einem theoretisch nahe sein sollten. Daraus werden sehr oft ganz innige Beziehungen, die sich aus der Häufigkeit der (Medien-)Kontakte und dem daraus resultierenden Maß an Aufmerksamkeit ergeben. Man denke an den wohl größten Trauerfall der jüngeren Geschichte, der die verunglückte Prinzessin Diana betraf. Millionen Men-

schen auf der ganzen Welt bewegte das Schicksal dieser Frau zutiefst.

Aufmerksamkeit kann man im pausenlosen Attraktionswettkampf eben nur noch den wirklich großen und bisweilen auch tragischen Heldinnen und Helden widmen. Sie konzentriert sich auf jene Menschen, die an der zuständigen „Börse“, in den Medien am höchsten, sprich: am öftesten, notiert sind. Und das gleich gründlich. Über sie weiß man alles, sie können kaum noch unbeachtete Schritte tun. Wir gieren förmlich nach Blicken durch deren Schlüssellöcher, ganze Berufszweige – wie die der Paparazzi, der „Bildjäger“ – sorgen bestens bezahlt dafür, dass der öffentliche **Voyeurismus** nicht zur Ruhe kommt. Das sind die exzessiven Seiten einer neuen ökonomischen Realität, die Promis und Stars sowohl zu Gefangenen der eigenen Berühmtheit als auch zu Aufmerksamkeitsgrößtverdienern in geradezu unermesslichen Dimensionen macht. Die Konzerte von Bedeutungsgiganten der Pop-Industrie etwa werden derart gestürmt, dass inzwischen selbst gewaltige Fußballstadien für die Besuchermassen zu klein sein können. Und die Werke von Filmstars bringen in riesigen Kinopalästen rund um den Globus zig Millionen Menschen zum Gruseln, Heulen oder Lachen.

„Der Einfluss der Größen aus „Showbiz“ und Sport ist enorm und zeigt steigende Tendenz“

Stars sind nicht nur Vorbilder, die man still anbetet. Die Fans wollen von ihnen auch lernen, wie sie selbst derart viel Aufmerksamkeit erregen könnten. Sie kleiden und gebärden sich folglich auch so, wie ihre Idole es tun. Es laufen, wohl versorgt von den großen Modeketten, tausende Star-Imitate herum. Mit Karaoke, dem Playback-Nachträllern von Supersongs, klont man sich dann in der Freizeit selbst zum Hitparadenstürmer. Die Wirtschaft lebt gut von alldem.

Der Einfluss der Größen aus „Showbiz“ und Sport ist enorm und zeigt steigende Tendenz: Sie kriegen wertvolle Aufmerksamkeit, ihnen hört man zu. Sie prägen über ihre entsprechend entlohnten Hauptrollen in Werbespots das Konsumverhalten genauso, wie zunehmend auch die Politik. In den USA hat es mit Ronald Reagan bekanntlich ein Leinwandheld bereits zum Präsidenten gebracht, Arnold Schwarzenegger schaffte erst jüngst den Sprung vom Terminator zum **Gouvernator** und auch sonst gibt es jede Menge an Beispielen für so genannte Quereinsteiger in die Politik, die eher von der Bühne als von Kompetenzfeldern kommen. Es bestehen kaum noch Zweifel daran, dass die bereits erwähnte Mischung aus Politik und Unterhaltung – nennen wir sie Politainment – zunehmend zum bestimmenden Element der neuen Demokratie wird. Vielleicht werden Budgetreden im Parlament eines Tages gesungen.
Stars sind als quasi verkörperte Attnergy so bedeutsam geworden, dass man versucht, sie synthetisch herzustellen. So wurden und werden nach dem Starmania- und Big-Brother-Prinzip am laufenden Band „Mac-Stars“ – so etwas wie kurzlebige Fastfood-Bewunderungsobjekte – produziert. Die Bedeutungsenergie der meisten von ihnen lässt jedoch rasch nach, die verwöhnten Belohnungszentren der menschlichen Gehirne werden immer anspruchsvoller. Erfolg allein, in welchem Metier auch immer, reicht nicht aus. Gefragt sind spektakuläre Triumphe und die gleich im Doppelpack mit einer schillernden Persönlichkeit. Die **Aufmerksamkeits-Millionäre** der Gegenwart müssen zumindest aus dem Holz eines Hermann Maier, Boris Becker, Franz Beckenbauer, Franz Klammer oder Niki Lauda geschnitzt sein. Starke Typen mit Sager-Qualitäten und dem Gütesiegel einer gewaltigen Leistung. Unter einem Weltmeister-Titel, einem Olympia-Sieg oder ähnlicher Größenordnung des Erfolges lässt sich die öffentliche Aufmerksamkeit nur in seltensten Fällen auf eine längere Beziehung ein. Sie verlangt auch Ausdauer im Kampf gegen die Verfallsgeschwindigkeit des Aufregenden. Wer über ein paar Schlagzeilen hinauskommen

„Nur die Marktriesen schaffen es, sich im allgemeinen Getöse noch Gehör zu verschaffen“

will, muss so etwas wie ein lebender Fortsetzungsroman mit packendem Stoff, mit Höhen und Tiefen sein. Hilfreich dabei sind ein turbulentes Privatleben und gewisse Schwächen, die selbst kometenhafte Aufsteiger wieder menschlich machen. Ein solches Anforderungsprofil erfüllen nur wirklich wenige.

Die von der Aufmerksamkeitskultur beflügelte **Gigantomanie** macht sich in unserem Alltag auch abseits des Startrubels mehrfach im wahrsten Sinne des Wortes breit. Gefragt sind nur noch die riesigsten Einkaufstempel, die klingendsten Marken, Spitzenangebote und Spitzenleistungen. Nur die Marktriesen schaffen es, sich im allgemeinen Getöse noch Gehör zu verschaffen, das leise Rufen der Kleinen geht unter. Gegen die geballte Attnergy der „Großen“ scheint kein Kraut gewachsen zu sein, sie pflügen mit mächtigen Werbeetats durch die Landschaft, leisten sich die kreativsten Köpfe, schier unendliche Werbe-

Wer soll mit solcher Werbekraft mithalten können?

flächen und beherzigen damit die alte Branchenregel, die „klotzen statt kleckern" fordert. Wenn die Unternehmensgiganten mächtige Werbeorchester für sich loslegen lassen, haben auch die tüchtigsten Solisten kaum eine Chance, dagegen anzuspielen.
Wohin das führt, ist an tausenden leeren Geschäftslokalen von ehemaligen Greißlern und Nahversorgern zu erkennen, die im Laufe der Jahre von der laut umworbenen Kundschaft einfach überhört worden sind. Fatal daran ist, dass es viele erwischt hat, die, wie eben die Greißlerläden, zu den letzten Ersatzorten des Dorfbrunnens zählten. Wer hört jetzt noch zu?
Zum Ausweinen – wie beim Kaufmann um die Ecke – reicht es zwar nicht, aber einen gewissen seelischen Halt findet der Kunde von heute in der leidenschaftlichen Beziehung zu Markenprodukten aller Art. Mit ihnen wird nicht allein Ware, sondern auch ein Stück Selbstbewusstsein, Lebensstil und vor allem wieder Aufmerksamkeit gekauft. Ein Mercedes hat eben seinen Preis, ein Porsche erst recht. Der **Markenkult** gilt als Teil der geschilderten immateriellen Revolution. In einer Welt, in der alles Kaufbare weitestgehend aufgekauft ist, gewinnt eben das, was wir Prestige, Image oder Ansehen nennen, rasant an Bedeutung. Und ist zudem ein teurer Spaß geworden.
Im Marken-Revier hat die Ökonomie der Aufmerksamkeit fest Fuß gefasst. Michael Goldhaber erklärt das am simplen Beispiel eines T-Shirts in gleicher Art und Qualität, das je nach Logo des Designers um vieles teurer wird als die Noname-Variante. Der Kunde hat sozusagen einen Aufpreis für jene Aufmerksamkeit zu bezahlen, die ihm ein Designer mit klingendem Namen gleich mitliefert. Der musste sie allerdings in Form von Werbung vorher bezahlen. Wie hoch die Preise für derartigen Image-Transfer sind, lässt sich an einem Beispiel zeigen, das in diesem Zusammenhang immer wieder die Runde macht: Der US-Basketballstar Michael Jordan soll für seine Werbung für den Sportschuh-Riesen Nike pro Jahr etwa doppelt so viel verdient haben wie die 12.000

MARKENKULT ERREICHT BEREITS UNGLAUBLICHE HÖHEN

Näherinnen, die in Asien mit der Herstellung der Schuhe beschäftigt sind – nämlich 20 Millionen Dollar.

Markenkult treibt immer seltsamere Blüten. In den Vereinigten Staaten, wo ein recht lockeres Namensrecht gilt, geben immer mehr Mütter und Väter ihren Kindern die (Vor-)Namen von Markenprodukten! Sie möchten ihren Kindern offenbar damit eine Grundausstattung an Attnergy mit auf den Lebensweg geben. Ein schräger Zugang, der aber eine berechtigte Sorge und Unsicherheit artikuliert.

Sie spüren auf ihre Art – wie wir alle – den enormen Veränderungsdruck, unter dem unsere Welt steht.

Am meisten betrifft er wahrscheinlich die **Bildungseinrichtungen,** die derzeit zum größten Spannungsfeld unserer Gesellschaft geworden sind. Dort treffen die reizverwöhnten Geschöpfe der Multimediagesellschaft nicht auf Showmaster und sonstige spektakulär inszenierte Lichtgestalten, sondern auf redliche Bildungsvermittler vom alten Schlag. Das noch dazu mehrere Stunden am Tag und ohne die Möglichkeit, sich von Schulstunde zu Schulstunde zappen und dann eventuell beim spannendsten Lehrer ein wenig länger bleiben zu können. Das Angebot ist leider zu einem erheblichen Teil Schnee von gestern, weil die Aufmerksamkeitskultur ganz andere Bedürfnisse hat, als Jahreszahlen auswendig zu lernen. Es geht darum, spannendere Wege zum Wissen zu finden, die angeborene Neugier nicht verkümmern zu lassen, komplexe Themen kurz und griffig zu formulieren, sich selbst gut zu inszenieren und in Zukunft mit raschen Veränderungen leben zu können.

Auch in vielen anderen Lebensbereichen hat man die neuen Herausforderungen kaum oder gar nicht erkannt und glaubt fast ganz ohne Attnergy auszukommen. Besonders deutlich wird der Kulturknick dort, wo arme Zeitgenossen bei den zahllosen Veranstaltungen vom Typus

Für Redner, die nicht wirklich begeistern können, sind schwerste Zeiten angebrochen

Jahreshauptversammlung, Podiumsdiskussion und Co. oft in geistiger Abwesenheit wertvolle Zeit vertun müssen. Bei derartigen Festspielen des Wortwildwuchses – denen vor allem die Politik und das Beamtentum sehr zugetan sind – setzt man auf Erlebnistradition aus einer Zeit, als die Sinnesreize noch spärlich und die Wärme der Stube eine beachtliche Versuchung waren. Solche „Events" sind im Regelfall ein gnadenloser Härtetest für die Sitzmuskel. Ingo Münch, bekannter Professor für öffentliches Recht und ehemaliger Vizebürgermeister der Hansestadt Hamburg, hat schon vor Jahren die Tragödie solcher auch von allzu vielen Höflichkeiten geprägten Inszenierungen auf den Punkt gebracht: „In Deutschland gehen mehr Arbeitsstunden durch Grußworte verloren als durch Streiks."

Wir werden Phantasie in der wichtigen Frage zeigen müssen, wie man den Auswüchsen der Aufmerksamkeitskul-

Auf wirklich entspannende Pausen kommt es an

tur und ihren Folgen begegnen kann. Als größte Gefahr gilt da zweifellos die neue Oberflächlichkeit, die sich aus einer Art „Kostproben-Manie“ ergibt. Der Mensch zappt und scannt sich hektisch durch das Leben, weil er verständliche Angst hat, anderenfalls Wichtiges zu versäumen oder die Orientierung zu verlieren. Quantität vor Qualität – das ist jedoch keinesfalls der Weg, der helle Köpfe und Innovationen hervorbringt.
Aljoscha C. Neubauer, Intelligenzforscher an der Universität Graz, warnt vor der Rastlosigkeit, die die Jagd nach dem Aufregenden, Neuen und Bedeutsamen begleitet. Die Wissenschaft hat erkannt, dass das Gehirn zum Verarbeiten und Ordnen der Informationen Zeiten der Ruhe braucht. Es nützt einerseits die Schlafzeiten dafür – aber die sind ja sehr kurz geworden. Und andererseits macht es entspannende Pausen auf diese Weise zu regelrechten **Kraftphasen** der Kreativität und der Entdeckung. Wehe uns, wenn wir ausgerechnet darauf verzichten!

Schwere Zeiten für die Sinne

Rund 3000 Jahre ist es her, dass mit der Erfindung der Schrift eine neue Mitte (lateinisch medium) von Mensch zu Mensch entstand – und solcherart die Evolution des Medienzeitalters begann. Zunächst nicht gerade hektisch, wie Prof. Klaus Merten vom Institut für Publizistik der Universität Münster mit einem interessanten Rechenmodell belegen kann. Komprimiert man nämlich die Zeit von damals bis heute in die Relation einer einzigen Stunde, entdeckt man Erstaunliches: Über 53 Minuten lang tat sich nämlich gar nichts, dann aber ging es Schlag auf Schlag. Zuerst die Erfindung der Zeitung, etwas über zwei Minuten später folgt der „Telegraph", 45 Sekunden danach das Telefon und schließlich innerhalb weniger Sekunden Film, Radio, TV, Tonband, Satelliten-TV etc. Besonders scharf war das Tempo zwischen 1960 und 1990, knapp bevor das Internet ins Rennen ging. In dieser Zeit hat, so Merten, die Zahl der klassischen Medien (Fernsehen, Radio und Print-Produkte) um sagenhafte **4000 (!) Prozent** zugenommen. Und seit wir uns neugierig in Cyber-Welten herumtreiben, schafft man es gar nicht mehr, den Überblick über die unzähligen Medien im weltweiten Netz zu behalten.

Der eigentliche Startschuss für das, was wir heute unter diesem Begriff verstehen, fiel **1605** in Straßburg, wo der Drucker Johann Carolus **die erste Zeitung der Welt** (sie erschien wöchentlich) herausgegeben haben dürf-

- **Ein explodierter Medienvulkan**
- **Die Rebellion der Ohren**
- **Wenn Menschen das Lesen verlernen**
- **Die Tragödie der kleinen Jäger**

te. Eigentlich ziemlich lange, nachdem 1440 der aus Mainz stammende Goldschmied Johannes Gutenberg den Buchdruck mit beweglichen Metall-Lettern erfunden hatte. Wieder eine Weile dauerte es, bis 1650 im sächsischen Leipzig der Drucker Timotheus Ritzsch die erste Tageszeitung gründete.

Einen ersten Hauch von „Fernsehen" bekam Frankreich bereits am Ende des 18. Jahrhunderts, als man (vorwiegend für militärische Zwecke) die so genannte **„Telegraphie"** als Möglichkeit entdeckte, relativ schnell über weite Strecken Nachrichten zu übermitteln. Die Idee war ziemlich einfach. Auf weithin sichtbaren Türmen hatte man gut erkennbare Flügel angebracht, deren Stellungen (ähnlich dem Prinzip der Uhr) als Zeichen dienten und damit eine gute Verständigung ermöglichten. Als dann Mitte des 19. Jahrhunderts begonnen wurde, einen Entwicklungsschritt weiter zu gehen und elektrische Telegrafieverbindungen aufzubauen, war die „Informations-Handarbeit" in Frankreich bestens entwickelt – es werkten in diesem Vorläufer der Kommunikationsbranche 3000 Mitarbeiter auf 556 Stationen und bewältigten so Entfernungen von insgesamt 4800 Kilometern.

Die Drahttelegrafie war wieder nur ein kurzes Intermezzo, ehe es zunächst 1901 zur ersten Funkübertragung von Morsezeichen (zwischen Neufundland und Eng-

land) und im Jahr **1904** in der steirischen Landeshauptstadt Graz zur **ersten Radiosendung** der Welt kam. Der Technikprofessor Otto Nußbaumer sang damals in ein Ur-Mikrofon die Landeshymne der Steiermark, die Übertragung war – allerdings nur in geringer Entfernung – gut zu hören. Nußbaumers Ruhm blieb, aus welchen Gründen auch immer, regional beschränkt – in den internationalen Medienchroniken wird diese Leistung dem Kanadier Reginald Aubrey Fessenden angerechnet. Der Autor dieses Buches neigt jedoch aus verständlichen Gründen mehr seinem Landsmann zu.

In den 20er Jahren eroberte schließlich das Radio den deutschen Hörraum, wobei wieder ein Österreicher entscheidenden Anteil hatte. Robert von Lieben erfand 1906 in Wien die für den Funkbetrieb wichtige Kathodenstrahlröhre und schuf damit die Voraussetzungen für die „Röhrentechnologie“, die lange Zeit die Radiolandschaft prägte. Viele der von den Ätherklängen faszinierten Menschen waren damals überzeugt, dass das gedruckte Wort schon bald gegen den Zauber des Klanges verblassen werde. Das Ende von Buch, Zeitung und allem, was zu Papier gebracht war, schien nahe zu sein. Die erste Medien-Revolution der Geschichte.

Aber alles kam anders. Schon relativ rasch stellte sich heraus, dass beide Medien einander durchaus befruchten und gut nebeneinander existieren konnten. Die

DAS GUTE ALTE RADIO HAT NICHTS VON SEINER ANZIEHUNGSKRAFT VERLOREN

Menschen brauchten ja unter anderem plötzlich ein gedrucktes Radioprogramm.
In den fünfziger Jahren wiederholten sich die düsteren Ahnungen unter noch spektakuläreren Vorzeichen. Mit dem Fernsehen wurde ein kühner Traum der Menschheit möglich. Es gelang – wenn auch zunächst nur schwarzweiße, aber immerhin bewegte – Bilder direkt in die Wohnstuben des Landes zu liefern. Das **„Patschenkino"** war erfunden. Und allgemein kam man zur Ansicht, dass es nun gar nicht gut aussehe für das „echte" Kino, das Radio und die Zeitungen. Das Ergebnis kennen wir – Hollywoods Werke boomen, werden in regelrechten Palästen aufgeführt, die anderen angeblich Todgeweihten haben sich ebenfalls prächtig weiterentwickelt.
Aber bekanntlich lernt man nicht aus allen Fehlern. Mit Beginn des Internet-Zeitalters schien den Propheten der medialen Neuzeit klar zu sein, dass diesmal dem Fernsehen seine Stunde als dominierendes Element der Information und Unterhaltung, als Leitmedium des Informationszeitalters schlagen dürfte. Man sprach von der so genannten „Konvergenz", dem **Verschmelzen von Internet und Fernsehen**. Aber das war etwas voreilig im Stil der gescheiterten New Economy angedacht – die neue Idee schluckt stets gnadenlos die alte. Was damit übrig bleiben sollte: ein einziger Bildschirm, vor dem der Konsument seine surfende Sehnsucht stillt und auch Infor-

mations- und Unterhaltungsintendant in eigener Sache sein kann – er holt sich Nachrichten, Filme und Shows nach Hause, wenn es ihm passt. Er trotzt somit auf Internetbasis der herkömmlichen Fernsehphilosophie mit ihrem programmbestimmten Berieselungseffekt und macht sich selbstständig. So viel Mündigkeit klingt zweifellos spannend, derzeit spricht dennoch alles eher dafür, dass sich beide Medien zwar klugerweise immer öfter einen Bildschirm teilen, aber dennoch ein eigenständiges, sehr dynamisches Leben führen werden.
Diese Einschätzung der Lage beruht auf höchst bemerkenswerten Zahlen, die das Forschungsinstitut „forsa" im Auftrag von Seven One Media im November des Jahres 2003 präsentierte. Die Deutschen verbringen derzeit im Durchschnitt fast **acht (!) Stunden mit Medienkonsum** und damit um rund eineinhalb Stunden mehr als im Jahr 1999. Ein guter Teil dieses gewaltigen Zeitsprunges geht auf das Konto einer deutlich steigenden Internet-Zuwendung. Dem „world wide web" hatte man 1999 im Durchschnitt noch bescheidene neun Minuten Zeit gewidmet, nun sind es 49 Minuten am Tag. Dabei hat – und das ist die ganz große Überraschung – kein anderes Medium substanziell eingebüßt, ja Fernsehen (plus zehn Minuten) und vor allem Radio (plus 17 Minuten) konnten noch einmal kräftig zulegen. Wobei man durchaus Parallelen zu Österreich ziehen kann – mit einer Einschränkung: In Deutschland ist erfahrungsgemäß die **Fernsehlust** – in der Größenordnung von immerhin fast einer Stunde täglich – größer als beim kleinen Nachbarn. In Sachen **Radiobegeisterung** ist man auf etwa derselben Höhe, die weit vorne im europäischen Spitzenfeld liegt. Da wie dort stagniert die Nutzung von **Zeitungen** und Zeitschriften. Allerdings auf einem sehr hohen Niveau.
Wir können also zusammenfassen: Die Menschen bleiben den ihnen lieb gewordenen Informations- und Unterhaltungsquellen nicht nur treu verbunden, sie widmen ihnen mehr Zeit denn je zuvor. Zusätzlich sind sie aber von einer üppig sprudelnden neuen Quelle fasziniert – dem

Internet. Das alles schafft atemberaubende Perspektiven. Der Medienkonsum scheint keine Grenzen zu kennen, er bindet immer mehr von unserer kostbaren Aufmerksamkeit mit einem heftigen Attraktionswettkampf, den die Medien untereinander führen und – wie es aussieht – gemeinsam gewinnen.

„Der Medienkonsum scheint keine Grenzen zu kennen, er bindet immer mehr von unserer kostbaren Aufmerksamkeit"

Die Schlafkrise. In seiner grenzenlosen Begeisterung für die mediale Reizvielfalt hat der Mensch von heute vor allem ein großes Problem – die Zeit wird knapp! Wenn wir davon ausgehen, dass sich der Durchschnittsbürger etwa zehn Stunden am Tag – inklusive der Anfahrtswege und der einen oder anderen Überstunde – dem Broterwerb widmet, aber auch noch mancherlei anderes (Beziehungs-„Arbeit", Mahlzeiten, Einkäufe, Wohnungsputz, Behördenwege etc.) zu erledigen hat, ergeben sich für eine expandierende Informations- und Unterhaltungslust nur zwei Möglichkeiten.
Variante eins: Das Sehen, Hören und Lesen muss in immer mehr andere Tätigkeiten integriert werden.

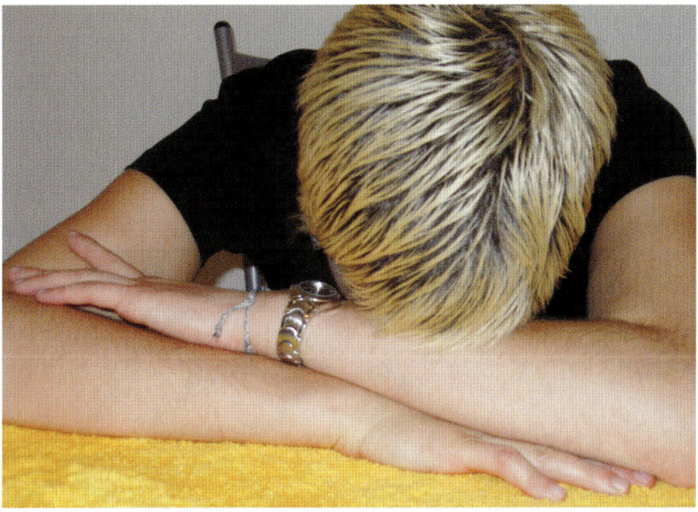

Die mediale Versuchung macht müde

Variante zwei: Schlafzeiten werden geopfert.

Der Druck ist so groß, dass man sich meist für beides entscheidet. Viele Frauen (und zunehmend auch Männer) bügeln etwa vor dem Flimmerkasten und die große Radio-Renaissance wird zum erheblichen Teil auf dessen attraktiven Sonderplatz in der Zeitökonomie zurückgeführt. Über Ätherwellen wird der meist musikalische Stoff für das offizielle „Begleitmedium" des Bürgers geliefert. Es holt ihn aus dem Bett – die morgendliche „Wecker"-Zeit ist absolute Primetime, also **Hör-Höchstsaison!** –, liefert Untermalung am Arbeitsplatz, warnt im Auto vor Staus und „Blitzern" und serviert dazwischen flott verpackte Nachrichtenhappen. Eine Funktion von unüberschätzbarer Bedeutung für die ganze Branche – man suggeriert stundenlang unterschwellig, dass ohne Medien gar nichts mehr geht.

„Kinderzimmer sind zu echten Laboratorien des Informationszeitalters geworden"

Ein Blick in die Kinderzimmer, die zunehmend zu echten Laboratorien des Informationszeitalters geworden sind, zeigt, dass noch mehr Nebeneinander möglich ist. Die Multimedia-Kids lassen ihre Blicke zwischen Computer und TV-Gerät schweifen, ziehen sich – um in ihrer Sprache zu bleiben – die Backgroundmusic aus dem Radio rein und lassen sich auch nicht aus der Fassung bringen, wenn zwischendurch das Handy bimmelt. Dass sie nirgendwo mehr ganz bei der Sache sein können, ist ein anderes Kapitel.

Der entscheidende Faktor sind freilich jene Zeiten, die man schlafend im Bett verbringt. Seit Thomas Alva Edison 1878 mit der **Erfindung der Glühlampe,** die 1883 auch die „Deutsche Gesellschaft für angewandte Elektricität", später AEG, herzustellen begann, die Nacht zum Tag machte, sind die seligen Zeiten des einstigen Neun-

Stunden-Schlafes ohnedies vergessen. Die Wachzeit eroberte in unschlagbarer Kooperation von Glühlampe und Medien Stück für Stück von jenem rätselhaften, zeitaufwendigen Phänomen namens Schlaf, für das die moderne Biologie noch immer keine verlässliche Erklärung hat. Derzeit verbringt der Durchschnittsbürger jedenfalls nur noch sieben Stunden im Träumeland. Allein innerhalb der letzten 20 Jahre wurde rund eine halbe Stunde kostbaren Schlafes pro Tag geopfert. Nicht unerheblich ist die Rolle, die in diesem Zusammenhang die mitternächtlichen Pornoprogramme auf diversen Privatsendern spielen. Programme, die nie einer gesehen haben will. Aber dennoch haben sie kräftige Quoten zu bieten.

Wir wissen nicht, warum wir schlafen müssen, aber es ist uns nur zu gut bekannt, welche verheerende Folgen es hat, wenn der müde Mensch zu spät oder gar nicht in die Federn kriecht. Schlafforscher sind der Überzeugung, dass Müdigkeit bei der Mehrzahl der Verkehrs- und sonstigen Unfälle eine erhebliche, wenn nicht sogar entscheidende Rolle spielt. Einer aus dieser immer zahlenstärker werdenden wissenschaftlichen Zunft, Jürgen

Bei vielen Verkehrsunfällen spielt Müdigkeit eine entscheidende Rolle

> **Müdigkeit war bei fast allen großen Katastrophen der Neuzeit mit im Spiel**

Zulley aus Regensburg, schätzt die Folgekosten daraus auf **400 Milliarden Dollar** jährlich. Eine gigantische Summe, die leichter verständlich wird, wenn man erfährt, dass Müdigkeit bei fast allen großen Katastrophen der Neuzeit mit im Spiel war. Als brisantes Beispiel dient der Supergau im Reaktor vier des sowjetischen Atomkraftwerkes **Tschernobyl** am 26. April 1986 um 01.23 Uhr nachts. Zahlreiche Mitarbeiter aus dem technischen Stab hatten damals zwei Schichten durchgearbeitet.

Vieles deutet darauf hin, dass wir diese große nächtliche Pause aus zwei Gründen brauchen: um dem Gehirn in den so genannten REM-Phasen (rapid eye movement) ausreichend Zeit zu geben, damit es die Reizflut des Vortages verarbeiten kann, und um das Immunsystem auf Trab zu halten. Letzteres wollen Wissenschaftler in Tierversuchen an Ratten bestätigt bekommen haben. Tiere, die sie wochenlang nicht schlafen ließen, verendeten am Zusammenbruch ihres Immunsystems.

Die wahrscheinlich gravierendste, aber kaum messbare Konsequenz aus der allgemeinen Schlaflosigkeit ergibt sich daraus, dass Müdigkeit die **Reaktionsbereitschaft** (Vigilanz) und damit einen besonders wichtigen Teil der menschlichen Aufmerksamkeit schwer beeinträchtigen kann. Menschen, die – aus welchen Gründen auch immer – zu wenig schlafen konnten, wanken bekanntlich wie in Trance durch den Tag. Sie nehmen nur noch die stärksten Signale wahr und diese oft nicht richtig. Dieser gefährliche Zustand verbreitet sich, sagt der Grazer Schlafforscher Univ.-Prof. Dr. Manfred Walzl, derzeit rasant. Schon jeder Dritte leidet unter Schlafstörungen und in weiterer Folge unter **Tagesmüdigkeit.** Beides nimmt so zu, dass die Weltgesundheitsorganisation (WHO)

diesen Themenbereich bereits zu den größten medizinischen Herausforderungen unserer Zeit zählt.
Jeder macht mittlerweile mit den Tagesschläfern so seine Erfahrungen. Man erkennt sie daran, dass sie bei nicht sehr lebhaften Veranstaltungen und Besprechungen einnicken, dass der Körper bei allen nur möglichen Gelegenheiten sein Recht einfordert. Die Risiken ihrer latenten Müdigkeit sind unabschätzbar.
Wer jemals in Japan war, hat bestimmt die Folgen einer schlaflosen Gesellschaft besonders einprägsam erlebt. Die Kombination von hohem Leistungsdruck am Arbeitsplatz, schier unendlichen (Stau-)Fahrten dorthin und ganz engem Zeitrahmen führt dazu, dass die Leute in diesem Land gelernt haben, in allen Lebenslagen zu einem Nickerchen abzutauchen. Man schlummert stehend in der U-Bahn oder nächtigt sitzend mit hängendem Kopf in der Hotel-Lobby, weil die Kraft des Wachseins nicht mehr für den Weg ins Hotelzimmer reicht.
Auch in unseren Breiten muss man damit rechnen, dass einem täglich mehrere **„halbwache“** Menschen in die Quere kommen – Frauen und Männer, die restlos damit gefordert sind, ihre schweren Augenlider unter Kontrolle zu halten und auch sonst ihren Zustand, so gut es geht, zu verschleiern. Sie müssen kämpfen, um sich über dem Wasser des Alltags zu halten. Zuhören ist da nicht drin!

„Wie, bitte?“ Um das Zuhören sieht es auch aus ganz anderer Perspektive düster aus. Das Unwetter akustischer Reize mit seinem Donnergrollen der bebenden Bässe, dröhnenden Motoren und anderer Lärmquellen weitet sich zur Katastrophe aus. Vieles davon merken wir gar nicht mehr, weil die menschliche Aufmerksamkeit für uns einen Weg findet, wie wir Dauerlärm ausblenden können. Mehr noch, wir schrecken auf, wenn es plötzlich ungewohnt ruhig wird. Die Lautstärke entwickelt gleich doppelte Bedrohlichkeit: Sie ist erhebliches Risikopotenzial für Gesundheitsschäden aller Art, wie Herz-Kreislauf-Erkrankungen, Nervosität und Schlafstörungen. Und sie erschwert uns den lebensnotwendigen

> **„Hörschäden sind inzwischen zur weltweit am stärksten verbreiteten Behinderung geworden"**

Kontakt mit der Umwelt – sie schadet massiv der Aufmerksamkeit.

Hörschäden sind inzwischen zur **weltweit am stärksten verbreiteten Behinderung** geworden und die Umstände lassen erahnen, dass unsere Gesellschaft mit diesem Problem noch massiv unter Druck kommen wird. Nach Angaben der deutschen Gesellschaft für Akustik ist jeder Fünfte betroffen, 14 Prozent stuft man als regelrecht schwerhörig ein. Schlimm genug, aber es kommt noch dicker: Jeder vierte Jugendliche hat nachweisbare Hörprobleme, zehn Prozent der jungen Generation hören schon jetzt so schlecht wie über 60-jährige Schwerarbeiter, die der mächtige Krach am Arbeitsplatz gezeichnet hat.

Ursache dafür ist bei jungen Menschen das, was in der Statistik trocken als **„Freizeitlärm"** verbucht wird. Da sind Popkonzerte und Discos natürlich die absoluten Höhepunkte, häufig kommt es dort zum totalen Gehör-Crash bei Mädchen und Burschen, die allzu nahe an den Lautsprecherboxen stehen. Es dröhnt aber auch gewaltig aus Kinderzimmern und die Karossen von Junglenkern, die mehr Geld in die Musikanlage als in den fahrbaren Untersatz investieren, werden zu rollenden Klangkörpern aus Blech. Längst spielt nicht mehr der Sound des Motors die Hauptrolle für das Imponiergehabe, sondern die akustische Urgewalt im Soundkäfig, die man an der Kreuzung und im Stau über das Seitenfenster so richtig raus lässt.

Die rücksichtsvolleren Lärmkonsumenten schießen sich die akustische Überdosis mit Kopfhörern in die Gehörgänge, die möglichen Folgen sind aber gleich verheerend: nicht nur Schwerhörigkeit, sondern auch quälender Tinnitus, ein Leiden, bei dem die Betroffenen selbst

AKUSTISCHE ÜBERDOSIS MIT OFT SCHWERWIEGENDEN FOLGEN

bei totaler Stille Geräusche hören, die sie an den Rand der Verzweiflung treiben.

Die bittere Realität: So viele Menschen wie noch nie zuvor können den Tönen und Rhythmen dieser Welt nicht mehr folgen, sie sind als Gesprächspartner gezwungen, immer wieder auf eine Bremse zu steigen, die „wie, bitte?" heißt.

Auch deshalb, weil zu den jungen Opfern eines exzessiven Umganges mit Musik jene bekanntlich wachsende Schar an Senioren kommt, die – wie es bislang immer hieß – unter Altersschwerhörigkeit leidet. Da scheint ebenfalls ein Umdenken nötig zu sein, denn vergleichende Studien an Naturvölkern haben den Verdacht aufkommen lassen, dass die ungesunden Lebensgewohnheiten in unseren Breiten eine weit größere Rolle spielen dürften als das Geburtsdatum. Fernab der angeblich zivilisierten Verführungswelten hat sich nämlich gezeigt, dass die Senioren der Wildnis gleich gut hören wie junge, von Disco und Co. unbeschädigte junge Städter der Industrienationen.

DEM MODERNEN MENSCHEN FEHLEN DIE PRÄCHTIGEN LICHTSPIELE DER SONNE, ER VERBRINGT ZU VIEL ZEIT IM HALBDUNKEL

Ein Leben ohne Licht. Die wenigen Menschen, die noch in Gottes freier Natur zu Hause sind, haben gegenüber der angeblich zivilisierten Welt vor allem einen entscheidenden Vorteil: Sie leben mit natürlichem Tageslicht und verfügen damit in ausreichenden Mengen über einen kostbaren, direkt von der Sonne gelieferten Nährstoff, dessen Bedeutung wir – wie es scheint – so gut wie vergessen haben. Ihnen bleibt eines der dramatisch unterschätzten Probleme unserer Zeit erspart – **akuter Lichtmangel!** Seine Auswirkungen auf Wohlbefinden, Gesundheit und natürlich ganz speziell auf die Aufmerksamkeit sind gravierend.

Bei Tieren und Pflanzen ist es selbstverständlich, dass sie sich nur im „richtigen" Licht entwickeln können. In eigener Sache hat der moderne Mensch in seiner Begeisterung für den Fortschritt auf die vielleicht wichtigste Lebensregel dieser Welt vergessen. Sonnenlicht und Sauerstoff sind nicht nur für Tiere und Pflanzen, sondern gerade für ihn selbst die beiden entscheidenden Regulatoren der physiologischen Funktionen. Wir brauchen das Licht, um damit den Tag-und-Nacht-Rhythmus zu steuern, unser Immunsystem zu kräftigen und selbst die verpönten ultravioletten (UV-)Strahlen haben in kleiner Dosis (!) eine ähnliche Wirkung auf die Gesundheit wie Vitamine und Spurenelemente. UV-Licht wird unter anderem zur Bildung von Vitamin D benötigt. Die Kraft der

Sonne trägt sogar dazu bei, dass die Liebe blühen kann. Sie beflügelt über die Hypophyse und die Zirbeldrüse im Gehirn die Produktion der Sexualhormone.

Viel Gelegenheit dazu geben wir ihr allerdings nicht, denn die meisten Menschen verbringen heute aufgrund völlig veränderter Lebensgewohnheiten nur noch etwa zehn Prozent ihrer Zeit im Freien. Vor einem Jahrhundert waren es noch 90 Prozent! Ein schlechter Tausch. Ein prächtiger Sonnentag kann eine Lichtstärke von über 100.000 Lux und damit wahre Festspiele des Wahrnehmens anbieten, durchschnittliche Arbeitsplätze und sonstige Räume selten mehr als kärgliche 500 Lux. Da ist sogar ein trüber Wintertag mit 1.500 Lux im Vergleich zu den diversen Kunstlichtbunkern noch üppig ausgestattet. Aber damit nicht genug: Das „echte" Produkt von Mutter Sonne liefert ein buntes, abwechslungsreiches Programm an Helligkeiten und Farben und hält damit die Augen fit. Das schaffen nur die wenigsten künstlichen Alternativen, es dominiert die halbwegs helle Monotonie.

Besonders schwer scheint die menschliche Psyche unter Lichtmangel zu leiden, wie die erschreckend hohe Zahl jener zeigt, die Opfer von in den Mittelmeerländern fast unbekannten Winterdepressionen und ihrer weit reichenden Folgen sind. In unseren Breiten verzweifeln 15 bis 20 Prozent der Menschen mehr oder weniger heftig

Schwerer Lichtmangel lauert heutzutage überall

an den kurzen und oft düsteren Tagen der Herbst- und Wintermonate – vier Mal mehr Frauen als Männer. Offensichtlich wird bei ihnen zu wenig vom höchst vielseitigen Gehirnbotenstoff **Serotonin** ausgeschüttet, der unter anderem als Stimmungsmacher und Stressbremser wirkt, aber auch das Hungergefühl steuert. Dieser Mangel wirkt sich oft gleich doppelt aus. Er führt nicht nur in ein psychisches Tief, sondern auch zu jenem für die kalte Jahreszeit typischen Heißhunger nach Süßigkeiten, der im unbeliebten „Winterspeck" mündet. So löst die Neurochemie das Rätsel der Unmengen an Weihnachtskeksen, die schon vor dem großen Fest verdrückt werden. Manchen Betroffenen kann mittlerweile mit „Lichtduschen" aus der persönlichen Dunkelheit mit der offiziellen Bezeichnung SAD (saisonal abhängige Depression) geholfen werden. Man berieselt sie dabei zwei Mal täglich mindestens eine halbe Stunde lang mit mindestens 2500 Lux starken Spezialleuchten. In zahlreichen Fällen hilft auch Ausdauersport, weil er die Serotonin-Ausschüttung ankurbelt.

Immer mehr deutet darauf hin, dass es sich bei der Winterdepression nur um die Spitze eines Eisberges handelt, denn schwerer Lichtmangel mit all den geschilderten Folgen lauert heutzutage überall. In Kunstlicht-Festungen, wo Architekten eine vermeintliche, fensterarme Schönheit wichtiger war als das Wohlbefinden der Menschen, die darinnen leben oder arbeiten müssen. An zahllosen Arbeitsplätzen, wo sogar verdunkelnde „Lichtschutzvorrichtungen" geschaffen wurden, damit die Bildschirme der Computer – die derzeit meist noch über eine armselige Leuchtdichte verfügen – halbwegs sichtbar sind. Dies natürlich zu Lasten der Leistungs- und Konzentrationsfähigkeit. Mehr noch. Es gibt konkrete Hinweise dafür, dass einige Beschwerden, die man der Bildschirmarbeit zuschreibt – Kopfschmerzen, Augenbeschwerden etc. – zumindest in manchen Fällen auf unzureichende Beleuchtung zurückzuführen sind.

Auch in Spitälern war man offenbar nicht hell genug, Licht als Chance für eine schnellere Genesung und folglich kürzere Aufenthaltszeiten und gesenkte Kosten zu entdecken. In vielen Schulen wird immer noch geglaubt, dass es reicht, wenn die Kreideschrift an der Tafel für die Kinder in der letzten Reihe noch halbwegs lesbar ist. Im Klartext heißt das Nachtbetrieb in den jungen Köpfen am helllichten Tag! Wen wundert es da, wenn die Aufmerksamkeit immer mehr unter die Räder kommt?

„Auch in Spitälern war man offenbar nicht hell genug, Licht als Chance für eine schnellere Genesung zu entdecken"

Mit wirklich gutem Licht – eine Variante ist so genanntes Vollspektrum-Naturlicht – sollte man, sagt der berühmte US-Augenarzt Jacob Liberman („Die heilende Kraft des Lichts") acht Stunden lang konzentriert und leistungsstark arbeiten können. Bei herkömmlichem Kunstlicht gelingt das nur etwa zwei Stunden lang.

Fazit: Wir verschenken sehr viel kostbare Zeit und sind auch technisch noch leicht unterbelichtet.

Zur Sache, bitte! Mit Vollgas fährt die moderne Technik hingegen, wenn es um neue Kommunikationsmittel geht. Fortschrittliche Menschen **„simsen“ (SMS), chatten und mailen** heutzutage, aber sie dürften bald schon wieder neue Wege des Dialogs finden – wie etwa das so genannte Instant Messaging (IM). Damit sollen in Zukunft nicht nur Text-, Bild- und Filmdateien, sondern auch Status-Informationen (An- und Abwesenheit etc.) zwischen Mobiltelefonen hin- und hergeschickt werden. IM gilt wegen seiner geringen Kosten als heißer Tipp für die SMS-Nachfolge, aber es könnte alles auch ganz anders kommen. Die jungen, bunten Bühnen des Nachrichtentausches sind unberechenbar und sie stellen derzeit die herkömmliche Kommunikationswelt total auf den Kopf. Wenn wir die eiligen, frechen Botschaftsträger der neuen Art unter die Lupe nehmen, fällt vor allem eines auf: Per Internet und Handy vollzieht sich nicht nur eine technische, sondern auch eine ganz andere **Revolution der Kommunikation,** ein Aufbegehren gegen barocke Umgangsformen, die im Zeitalter der Aufmerksamkeitskultur von manchen geradezu als Zeitdiebstahl empfunden werden. Für Höflichkeiten, Schnörksel und Langatmig-

Nicht nur junge Leute lassen immer öfter den „schnellen Daumen“ zu Wort kommen keiten ist kein Millimeter Platz mehr vorgesehen, auch Rechtschreibung ist zu mühsam. Die Faszination liegt in Kürze und Tempo, dem Knistern zwischen den Zeilen, einer neuen Offenheit und wohl ganz speziell der Tatsache, dass rund um die Uhr (und rund um die Welt!) jene Gesprächspartner zur Verfügung stehen, die die Familie und oft auch der Freundeskreis kaum noch anbieten kann. Es gibt ein klares Bekenntnis dazu, dass Verständigung reizvoll sein muss. Wobei der Reiz nicht allein im Unterhaltsamen, Erotischen und Verrückten zu liegen hat, auch ungeschminkte Ehrlichkeit und bittere Realität sind „Produkte", die die herkömmlichen Märkte des Dialogs – vor allem in glaubwürdiger Form – nur spärlich anbieten.

Die neuen Varianten des Dialogs verbreiten sich stürmisch: 2003 wurden in Deutschland **36 Milliarden SMS** (Short Message System) per Handy verschickt, in Österreich etwa drei. Das Feuer der Blitznachricht brennt vor allem unter Jugendlichen. Die Tatsache jedoch, dass bereits 86 Prozent aller Mobiltelefonierer dann und wann „den schnellen Daumen zu Wort kommen lassen", lässt einen weit größeren Radius erahnen. Mittlerweile dürften nicht wenige Mamas und Papas, ja sogar Großeltern mit von der Partie sein. Heftig unter Stress steht der Daumen in den Kinderzimmern. Viele Kids, so warnten jüngst erst Pädagogen, schalten ihr Handy beim Schlafengehen nicht mehr aus, weil sie Angst haben, eine wichtige Botschaft zu versäumen. Aus gutem Grund, denn auch in den Nächten geht im wahrsten Sinne des Wortes kräftig die Post ab.

Über die Zahl der Internet-Anschlüsse – 50 Prozent aller Haushalte verfügen bereits über einen solchen – lässt sich erahnen, wie stark das Chatten (aus dem Englischen für Plaudern) und E-Mailen bereits verbreitet sind. In einem Drittel der Web-Haushalte, sagen diverse Studien, geht man ziemlich eifrig zur Sache, klinkt sich täglich ins Netz. Und im Business-Bereich ist das E-Mail so gut wie Standard geworden. Über die Zahl der solcherart verschickten Nachrichten gibt es nur vage Schätzungen, sie

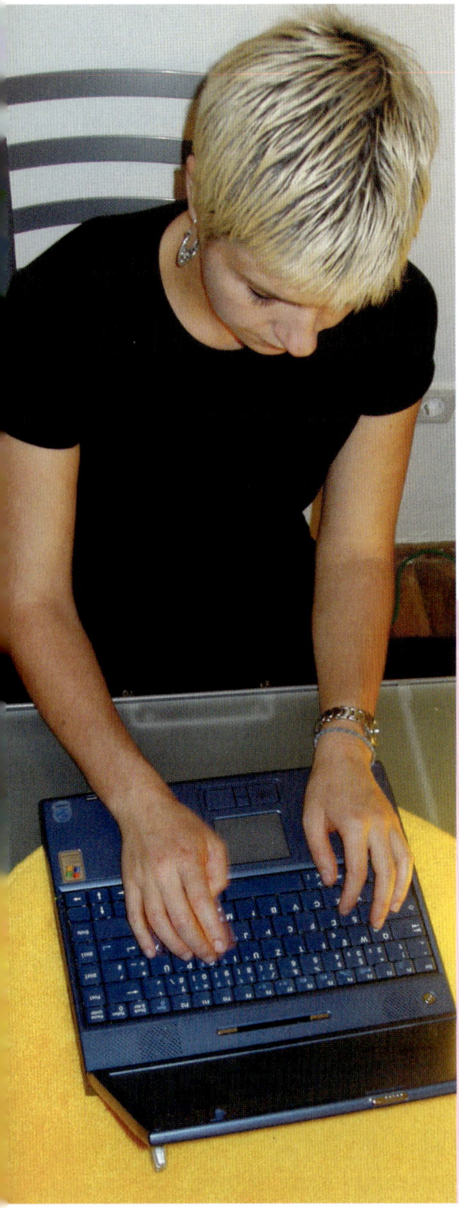

FASZINATION INTERNET: NICHT ALLE KÖNNEN RECHTZEITIG DIE BREMSE ZIEHEN

gehen alle in die zig Milliarden! Aus den virtuellen Räumen des Chattens bekommen wir einen – alarmierenden – Hinweis. Sie sind, wie Experten glauben, neben der erotischen Verführung die Hauptursache für „pathologischen Internetgebrauch“, unter dem nach jüngsten Schätzungen in Deutschland rund eine Million und in Österreich etwa 100.000 Menschen leiden.

Zum Vergleich ein Blick auf die **„alte Nachrichtenwelt“**. In Österreich werden von der Post, so heißt es, jährlich über eine Milliarde Briefe verschickt und 25.000 öffentliche Briefkästen sind dafür (zunehmend unterfordert) im Einsatz. Die deutsche Post bringt es nach ihrer Darstellung auf 72 Millionen Briefe täglich. Hüben wie drüben dominieren mehr und mehr die Werbesendungen, Rechnungen, Erlagscheine und behördliche Mitteilungen. So richtig von Mensch zu Mensch, vielleicht sogar handgeschrieben, läuft immer weniger.

Man kann, ja muss die gigantische Flut der modernen Verständigung positiv sehen. Sie ist, wie es die Wissenschaft nennt, eine „dialogische“ Antwort auf die „monologischen“ Medien, denen man bekanntlich nicht widersprechen kann. Und sie ist der Beweis dafür, dass sich die Menschen doch noch etwas zu sagen haben. Allerdings nur dann, wenn es kurz gehalten und halbwegs spannend ist.

Aber die neuen „dialogischen“ Medien haben auch ihre Tücken.

Die eine: Sie verbinden nicht nur, sie trennen auch – in den Sphären der virtuellen Verständigung entwickeln sich ganz neue Sprachen. Sie, deren Wurzeln auf die bereits in den 80er Jahren entwickelte Geheimsprache der Hacker zurückgehen, stehen für die genannte kommunikative Revolution: Man rebelliert **gegen die Normen** der Schriftsprache, gegen die mühsame Rechtschreibung und will mit Kürzeln aller Art, so genannten Emotikons (Smileys) etc. keine kostbare Zeit verlieren. Der Haken an der Sache ist, dass manche Kids selbst in der gleichen Clique ihre liebe Not bei der Entschlüsselung derart kodierter Nachrichten haben, wie Jugendforscher feststellten. In der weiteren Umgebung nimmt die Verständnischance noch weiter ab, die Freaks landen mit ihrem coolen Web-Dialekt in der Sackgasse. Kein spektakuläres Problem, aber eines, das man im Auge behalten sollte.

Das zweite ist ein weit stärkeres Kaliber. Wie schon erwähnt, gibt es eine riesige Schar von Usern, die das Web mit seinen fast grenzenlosen Erlebnispotenzialen nicht mehr loslässt. Sie werden – wie es Gabriele Farke, die ehemalige Bundesvorsitzende der Selbsthilfevereinigung für Onlinesüchtige in Deutschland, ausdrückt – vom Internet beherrscht, statt es selbst zu beherrschen. Derzeit hat die Fachwelt diese Form von Abhängig-

„Sie werden vom Internet beherrscht, statt es selbst zu beherrschen“

DER CHAT IST DIE RIESIGE SPIELWIESE FÜR EINSAME, ABER ER MACHT AUCH EINSAM

keit zwar noch nicht offiziell als Sucht anerkannt, aber der Sprachgebrauch ist dem zuvorgekommen. Von **„Onlinesucht“** ist die Rede und die Umstände lassen keine Sekunde lang zweifeln, dass dieser Begriff richtig gewählt ist.

Die magische Anziehungskraft der Cyberworld liegt in erster Linie in neuen Formen von **Kommunikationsabenteuern.** Im Chat tritt man unter einem Spitznamen (Nick) auf, wechselt die Identitäten, das Geschlecht und das Alter nach Belieben und wagt Dinge auszusprechen, die im „normalen“ Leben absolut tabu sind, stößt damit sogar eher auf Interesse als auf Ablehnung. Das liefert einen Kick, wie ihn die reale Welt mit ihren strengen Ritualen und Regeln nicht bieten kann. So darf es nicht verwundern, dass die große Chatlust viel mehr als ein Spiel von Youngstern ist, sondern auch auf höchsten Ebenen läuft. Da können – gut getarnt zu später Stunde – Richter endlich einmal wirklich den Talar ablegen, Ärzte „Deutsch“ reden und Lehrer Dampf ablassen, für den sonst wenig Platz ist.

Im Chat blühen der Irrwitz und die Deftigkeit genauso wie die berührende Geschichte von einem 84-jährigen, die Farke in ihrem Buch „Online-Sucht" erzählt. Er gibt sich als 43-jähriger aus und schafft es so endlich wieder, dass sich Menschen mit ihm unterhalten. Der Chat ist die riesige **Spielwiese der Einsamen**, aber er macht auch einsam. Labilen Menschen geht in dieser Daueraufführung des virtuellen Laientheaters leicht der Bezug zur realen Welt verloren. Sie kapseln sich ab, opfern Beziehungen und Jobs, geraten in einen gesundheitlichen Teufelskreis aus Schlaf-, Bewegungs- und Frischluftmangel und finden keinen Weg mehr zurück.

Die virtuellen Begegnungsstätten brechen derzeit massiv in die menschlichen Beziehungsstrukturen ein. Sie sind Risiko und Chance in einem. Sozialforscher orten in den **Cyber-Affären** einerseits eine ganz massive Gefahr für bestehende Partnerschaften, weil die Versuchung so einfach, aber die Grenze so schwer erkennbar ist. Andererseits tun sich Hoffnungen auf, über den Umweg des Webs die neuen Nöte der Zweisamkeit zu bewältigen, die sich daraus ergeben, dass es sogar Amore im großen Aufmerksamkeits-Wettbewerb nicht mehr so leicht hat wie einst im Mai. In der wichtigsten Stätte der Anbahnung, der Disco, ist die Flirtzeit erstens auf Freitag und Samstag nachts begrenzt und zweitens das gesprochene Wort auf verlorenem Posten. Außerdem verführt der Starkult die Phantasie – herkömmliche Geschöpfe ohne Idealfigur, tiefblaue Augen und das gewisse Etwas in der Stimme lassen den Funken nur mehr schwer überspringen. Ganz abgesehen davon, dass ein Funke nicht mehr reicht, um in der Flut der Reize erkennbar zu sein. Heute müssen kräftige Blitze her ...

Im Chat liegt jedenfalls die alternative Chance, das Glück zu finden, wobei die neue **Rationalität der Romantik** fast wie zum Trotz meist nicht hilft, kostbare Zeit zu sparen. Im Gegenteil, virtuelle Verliebtheit ist – wie in zahlreichen Studien zum Thema festgehalten – relativ zeitaufwendig. Man schreibt sich glühenden Herzens nächtelang am Keyboard die Finger wund. Mit dem Vorteil,

dass beide Pole der Zuneigung einander sehr, sehr gut kennen, wenn sie sich – oft nach einer halben Ewigkeit – zum ersten Mal zu Gesicht bekommen. Sofern bei den Eroberungsfeldzügen immer die Wahrheit im Spiel war.
Das Chatten, in welcher Dosis und für welchen Zweck auch immer – legt eine heiße Spur in die Medienzukunft. Die 1988 vom finnischen Studenten Jarkko Oikarinen an der Universität Oulu als wissenschaftliche Diskussionsplattform erfundene Web-Plauderei gilt als Paradestück jenes Wechselspieles namens **Interaktivität,** das nach Überzeugung zahlreicher Experten im Kampf um den Kunden eine gravierende Rolle spielt. Interaktivität fokussiert – wie man auch von Computerspielen weiß – die Aufmerksamkeit derart, dass alles rundherum förmlich versinkt. Ans Abschalten oder Zappen kann nicht einmal ein Gedanke verloren werden.

„Interaktivität fokussiert die Aufmerksamkeit derart, dass alles rundherum förmlich versinkt"

Interaktivität stillt eine Sehnsucht, weil sie dem Menschen, dem bekanntlich kaum noch jemand richtig zuhört, ein Echo gibt. Im Chat sehr schnell. Aber auch in Foren und bei Abstimmungen schafft es der User im Internet, mit seiner Meinung oder seiner Stimme beim Voting Wirkung zu zeigen. Ja, selbst die Beute bei der surfenden Wissensjagd darf wohl zu den Reizen der Interaktivität gezählt werden.
Interaktivität sollte auch zur Zugnummer des digitalen Fernsehens werden, die uns – sofern wir eines Tages die dafür notwendigen Breitbandnetze haben – über die Fernbedienung eine Fülle neuer Möglichkeiten und Freiheiten anbieten wird. Wir müssen die Nachrichten nicht mehr in „Echtzeit" (also live) schauen, suchen bei der Sportübertragung unsere Lieblingsperspektive aus und können die Produkte, die man im Werbespot sieht, auch

gleich bestellen, wenn wir bereit sind, auf das Erlebnis Shopping zu verzichten. Derzeit liefert uns die Flaute des so genannten E-Commerce ein Indiz dafür, dass der Kunde es genießen will, König zu sein. Das ist ihm mehr wert als die Bequemlichkeit einer Hauszustellung. Auch, wenn das natürlich wieder Zeit kostet!

Lust am Link. Ein zusätzlicher Verführungsfaktor im Web mit weitreichenden Folgen für unser gesamtes Kommunikationsverhalten ist das so genannte Hypertextsystem. Jeder, der sich im Internet tummelt, kennt es. Aber selbst die, denen das Web noch fremd blieb, sind – ohne es zu wissen – längst schon von der **Hypertext**-Logik befallen, weil sie in abgewandelter Form auch schon die Landschaft der Printmedien prägt. Die Hyperversion unterscheidet sich vom klassischen Text (wie wir ihn vor allem aus Büchern kennen) dadurch, dass er nicht linear organisiert ist und folglich keine fixe Reihenfolge des Lesens vorsieht. Dem Leser wird dabei die zentrale Information in Form einer Art schriftlichen Hauptstraße angeboten, die jedoch an mehreren Stellen mit markierten Wörtern als „Hinweistafeln“ zum Besuch in Nebenstraßen einlädt. Wer die Einladung annehmen möchte, bedankt sich in Form eines Mausklicks und ist schon dort. Die beiden wesentlichen Komponenten im Hypertext sind der Link (etwa durch eine Unterstreichung oder andere Färbung des Wortes erkennbar) und der Knoten – die neue Zieladresse. Nicht selten gibt es dort allerdings auch wieder abzweigende Links zu neuen Knoten, die ihrerseits wieder Links anbieten und so weiter.

Die Idee dahinter ist tatsächlich hyper. Das Konzept versucht, das Strukturmuster der Wissensabspeicherung im menschlichen Gehirn nachzuahmen. Aus der Lernforschung glaubt man zu wissen, dass in diesem Stil assoziativer Vernetzung nicht nur mehr Merkpotenzial, sondern auch eine Extraportion **Motivationskraft** steckt. Der Mensch geht auf Wissensexpeditionen – da kommt die Neugier besser in Schwung.

Nicht alle sehen das Hypertext-Prinzip, das sich zunehmend mit Einsatz von Bildern, Videos und O-Tönen zu Hypermedia entwickelt, so euphorisch, denn es hat auch ganz erhebliche Schwachstellen. Speziell jungen Leute, denen Web-Routine fehlt, landen, von den vielen Links verlockt, leicht im Niemandsland. So endet das Leseabenteuer häufig mit **Desorientierung** und **kognitiver Überlastung.** Kritische Pädagogen fürchten, wahrscheinlich nicht ganz zu Unrecht, dass deshalb der intensive Gebrauch des Internets bei Mädchen und Burschen einen Trend verstärkt, der ohnedies quer durch die Informationsgesellschaft geht – man tut sich immer schwerer, Texte vom ersten bis zum letzten Buchstaben zu lesen.
Deshalb verabschieden sich mittlerweile auch die meisten Printmedien von jenen Lese-Langstrecken, die man einst zu Zeiten des Bleisatzes – als die Buchstaben noch gegossen worden sind – „Bleiwüsten" oder heute „Textfriedhöfe" nennt. Der etwas pietätlose Begriff trifft deshalb zu, weil die Branche weiß, dass – vor allem in Massenprodukten – alles jenseits von 50 Druckzeilen nur noch sehr eingeschränkt wahrgenommen wird. Journalisten dürfen keine Romane schreiben!
Also haben sie für komplexere Themen einen Weg gefunden, der sich stark an der Hypertext-Idee anlehnt. Die Information wird „geclustert" und damit in einen möglichst kurz gehaltenen Kernbereich und einige ergänzende Informationshappen aufgeteilt. Statt des wegweisenden Links findet der Leser einfach einen dezenten, schriftlichen Hinweis: Siehe Info-Kasten links oben oder rechts unten. Nicht ganz so praktisch und ohne Mausklick, aber dafür weit übersichtlicher als im Net. Der Konsument kann sich auf diese Weise sehr einfach aus dem gut strukturierten Angebot nur das herauspicken, was ihn wirklich interessiert.

Neue Lesestrategien. Hypertext, Medienvielfalt und das immer breiter angelegte Ringen um die menschliche Aufmerksamkeit führten dazu, dass sich das Leseverhalten in kürzester Zeit radikal verändert hat. Besonders eindringlich hat das eine repräsentative Deutschland-Studie der „Stiftung Lesen" belegt, die in ihren Grundzügen für den gesamten deutschen Sprachraum gilt. Bei dieser weitreichenden Untersuchung, die sich auf das gute, alte Buch, das Flaggschiff der Leselust konzentriert, fällt zunächst einmal erfreulicherweise auf, dass es allen Unkenrufen zum Trotz souverän seine Stellung halten kann. Man schätzt es wie eh und je, man schenkt es gerne, aber man geht völlig anders damit um als noch vor wenigen Jahren. Am deutlichsten wird dies mit einem Blick auf die auch für unser gesamtes Kulturverständnis wichtige Spezies der Intensivleser – jene **„Leseratten"**, bei denen das Buch am Nachtkästchen fix zum Leben

Das Vielleser-Buch am Nachtkästchen hat stark an Bedeutung verloren

gehört. Sie ist **vom Aussterben bedroht!** Im Jahr 1992 gab es von dieser Art noch stattliche 16 Prozent, 2000 waren es nur mehr 6 Prozent. Daneben ist die Zahl derer, die ihre Lektüre – aus welchen Gründen auch immer – für längere Zeit unterbrechen, von 18 auf 47 Prozent angestiegen.

Gleich mehrfach belegt ist die Tatsache, dass sich auch beim Buch die Lesestrategien dem rastlosen **Scannen** und **Zappen** durch den Mediendschungel angleichen. Die Zahl der Parallel-Leser – das sind jene, die zwei oder mehrere Werke „in Arbeit" haben – hat sich fast verdoppelt (von 10 auf 19 Prozent), die der überfliegenden Leser, also der Scanner von 14 auf 19 Prozent erhöht.

Auch Bücher werden mittlerweile kreuz und quer gelesen

Besonders gravierend sind die Umbrüche beim jungen Publikum, wo die neue Oberflächlichkeit – „ich überfliege manchmal die Seiten, lese nur das Interessanteste" – gewaltige Ausmaße angenommen hat. 1992 tat dies nur jeder Zehnte, 2000 war es bereits jeder Dritte. Eine dynamische Kurve, die annehmen lässt, dass heute wahrscheinlich schon die Mehrheit der jungen „Buchstaben-Kundschaft" nicht mehr richtig liest, sondern sich auf das Scannen verlegt hat, die rastlose Jagd nach der Attraktion, die auch die Grenzen des Empfindens immer höher schraubt.

Seit wir mit den Lese-Ergebnissen der **PISA-Studie,** dem internationalen Vergleich von Schulleistungen, konfrontiert wurden, kann uns diesbezüglich nur noch wenig erschüttern. Die Tests bei 15-jährigen Schülerinnen und Schülern in 32 Staaten hat unter anderem hinsichtlich des Leseverständnisses für Deutschland geradezu verheerende und für Österreich auch nicht unbedingt erfreuliche Ergebnisse gebracht. Die Fakten sind bekannt, nur zur Erinnerung: Nach neun Jahren Schullaufbahn fallen in Deutschland 10 Prozent in die unterste Stufe („Null") der Lesekompetenz, haben selbst bei einfachsten Aufgabenstellungen Schwierigkeiten. 13 Prozent liegen eine Stufe höher („eins“), verfügen aber auch nur über allereinfachste Lesekenntnisse. In Österreich registriert man in der schwächsten Kategorie 4 und eine höher 10 Prozent. Besser, aber sicher nicht zufrieden stellend.

Der Schock kommt bei der Addition der genannten Zahlen. In Deutschland sind am Ende der Schulpflicht somit 23 Prozent der jungen Menschen nicht richtig des Lesens mächtig – fast ein Viertel! In Österreich 14 Prozent – jeder Siebente!

PISA hatte in der Datenfülle aber noch einen anderen alarmierenden Hinweis versteckt, der in der allgemeinen Sorge um die Krise des Lehrens und Lernens untergegangen ist.

Die kommunikative Keimzelle der Gesellschaft, die Familie, ist speziell im deutschen Sprachraum in einem desolaten Zustand! Das **Gespräch zwischen Eltern und Kindern** über die Schule, soziale oder politische Fragen, TV-Sendungen etc. – am besten gelingt es erfahrungsgemäß bei gemeinsamen Mahlzeiten – funktioniert nicht mehr. Die 15-jährigen aus Deutschland, Österreich und der Schweiz liegen ganz hinten im Nationen-Ranking, bei dem Italien nicht ganz überraschend der klare Sieger ist. Noch eine Besonderheit bei der Flaute des Redens und Zuhörens in den eigenen vier Wänden: Mädchen nehmen sich mehr Zeit für soziale Gespräche mit Mutter, Vater oder Geschwistern als Burschen.

Eine von vielen Spuren, die vielleicht helfen können, ein weiteres, mehr als nur bemerkenswertes Phänomen der PISA-Studie zu erklären. **Mädchen** sind – nicht nur in unseren Breiten – den jungen Herren in der Lesekompetenz

> **„Mädchen sind – nicht nur in unseren Breiten – den jungen Herren in der Lesekompetenz haushoch überlegen.“**

haushoch überlegen. Mit weitreichenden Folgen für deren weiteren Lebensweg – aber auch für alle jene, die in Zukunft junge Menschen mit komplexeren Botschaften erreichen wollen. Dank PISA wissen wir, dass doppelt (!) so viele Mädchen in der Lage sind, schwierigere Texte zu reflektieren, als ihre männlichen Altersgenossen.

Die neuen Analphabeten. Im Umgang mit Buchstaben steht die Informationsgesellschaft vor einem enormen Problem, wie nicht nur die PISA-Fakten belegen. Eine halbe Ewigkeit nach Einführung der Schulpflicht im 18. Jahrhundert sind, wie eine Untersuchung von 20 OECD-Mitgliedsstaaten zwischen 1994 und 1998 ergeben hat, über **200 Millionen** Menschen in den Industrieländern so genannte „funktionelle Analphabeten". Der Begriff macht bereits deutlich, dass es sich um andere Schicksale handelt als in den Ländern der Dritten Welt, wo Armut einen Schulbesuch unmöglich macht. Nein, es geht um Frauen und Männer mitten in der Wohlstandswelt, die noch zumindest dazu neun Jahre die Schulbank gedrückt haben. Aber bei vielen reicht, wie

Man möchte es nicht glauben: Jeder Siebente schafft im deutschen Sprachraum den Umgang mit Buchstaben nicht

sich zeigt, diese Bildungslaufbahn nicht aus, um selbst ein Mindestmaß jener kommunikativen Erfordernisse der modernen Arbeits- und Konsumwelt zu bewältigen, ohne die ein selbstbestimmtes Leben schwer möglich ist. Die Analphabeten der Neuzeit können zwar ihre Unterschrift auf ein Papier kritzeln, sie schaffen es aber beispielsweise nicht, den Beipackzettel eines Medikaments, den Fahrplan am Bahnhof oder die Lohnabrechnung zu verstehen.

Als Hauptursache gilt der übermäßige Konsum visueller Medien, der in solchen Fällen oft nicht sehr stabile Fertigkeiten im Laufe der Zeit verkümmern lässt. Unter dem Druck sozialer Verhältnisse – Probleme am Arbeitsplatz, die eigenen Kinder kommen in die Schule etc. – finden immerhin tausende jährlich den Mut, Kurse an diversen Bildungseinrichtungen zu besuchen, die sie mit speziellen Methoden wieder an den Umgang mit Schrift heranführen. Viele Betroffene wagen es aus Scham nicht, ihre kommunikative Not einzugestehen. Sie retten sich mit vielen kleineren und größeren Lügen über schwierige Situationen hinweg. Sie haben meistens ihre Brillen zu Hause vergessen, entzündete Augen etc.

Diese verständliche Scham dürfte auch eine Rolle dabei spielen, dass es sehr unterschiedliche Einschätzungen über die Größenordnung des neuen Analphabetismus gibt. Die Fachleute orientieren sich meist an der genannten OECD-Untersuchung, an der allerdings – auch das spricht Bände – viele reiche Industrienationen (nur?) aus Kostengründen nicht teilgenommen haben. Dazu zählt Österreich. Folglich dockt man in der Alpenrepublik gerne an die deutschen Zahlen an. Die gehen davon aus, dass 14,4 Prozent der Bevölkerung solcherart am Rande der Informationsgesellschaft stehen. Es mag uns ein schwacher Trost sein, dass andere Länder eine noch weit höhere Analphabetismus-Rate haben. Besonders krass ist die Situation in Polen (fast das Dreifache!) und Italien (rund doppelt so viele). Es gibt allerdings auch deutlich bessere Bewertungen – vor allem Schweden (7 Prozent) oder die Niederlande (10 Prozent) zeigen,

dass im deutschen Sprachraum akuter Handlungsbedarf herrscht.
Ein kleiner Hoffnungsschimmer besteht. Die Vereinten Nationen haben die Dekade der Welt-Alphabetisierung ausgerufen. Ziel dieser Initiative ist es, die Zahl derer, die mit Buchstaben nicht umgehen können, um die Hälfte zu reduzieren. Manches deutet darauf hin, dass dies in den Entwicklungsländern leichter fallen dürfte als bei uns. Dort weiß man besser, wo es anzupacken gilt.

Die Tragödie der kleinen Jäger. Wohin geht eine Gesellschaft, die derart nach Aufmerksamkeit giert, aber aus so vielen Gründen immer weniger davon bekommt? Es scheint so, als hätten wir auf diese brisante Frage bereits eine tragische Antwort bekommen. Sie führt uns in tausende Klassenzimmer dieser Welt, in denen mit angeblich krankhaftem Aufmerksamkeitsmangel eine neue Art von Seuche grassiert. Aber auch zu den endlosen Warteschlangen in diversen Beratungseinrichtungen und zu den Schicksalen von weltweit mindestens zehn Millionen Kindern, die mit Psychopharmaka behandelt werden, weil für sie ein aus vier Buchstaben bestehendes Kürzel gilt. **ADHS** – das **A**ufmerksamkeits**d**efizit- und **H**yperaktivitäts**s**yndrom.
Einst war in solchen Fällen vom **„Zappelphilipp“** die Rede. Ein Name, der einem der berühmtesten Kinderbücher aller Zeiten, dem „Struwwelpeter“ entnommen ist. Darin beschrieb 1845 der Arzt Heinrich Hoffmann in Zeichnungen und Reimen das Leben von Kindern der etwas ungewöhnlicheren Art. Erst weit mehr als ein Jahrhundert danach entstand 1987 mit der Bezeichnung ADHS auch eine psychiatrische Diagnose, die sich auf jene Verhaltensauffälligkeiten von Kindern (in der Mehrzahl Buben!) bezog, die in Schulklassen rund um den Globus zur immer größeren Herausforderung der Lehrerschaft geworden sind und immer mehr Eltern in Ratlosigkeit stürzen.
Es geht um Kinder, die es kaum schaffen, ruhig sitzen zu bleiben und sich auf eine Tätigkeit zu konzentrieren.

Kinder, die im Übermaß reden – zumeist ohne gefragt zu sein. Kinder, die andere ständig stören und sich mit alldem selbst oft zu Außenseitern machen.
Die Fachwelt schätzt, dass zwei bis zehn Prozent aller Kinder in stärkerer und etwa noch einmal so viele in schwächerer Ausprägung von ADHS betroffen sind! Erschreckend viele. Manches deutet auf eine erheblich steigende Tendenz hin – vielleicht auch deshalb, weil die Diagnose, wie Kritiker sagen, in Mode gekommen ist und weil es ja wirksame Medikamente dagegen gibt!
Lange Zeit ist man davon ausgegangen, dass mit dem Ende der Jugend das „Zappelphilipp"-Schicksal kein Thema mehr ist. Mittlerweile steht fest, dass dies nicht stimmt. Mindestens die Hälfte aller Fälle nimmt diese schwierige Prägung mit auf den weiteren Lebensweg. Mit höchst unterschiedlichen Perspektiven. Wer einen Beruf wählt, in dem Rastlosigkeit nicht zur Not, sondern zur Tugend gerechnet wird, hat alle Chancen zur großen **Karriere.** Viele rastlose Freiberufler wählten für sich selbst auf diese Weise unbewusst die beste Therapie und legen mit intensivem Freizeitsport vielleicht noch eins drauf. In diesen Kreisen ist ADHS, sofern man es überhaupt kennt, absolut salonfähig. Erst recht, seit es heißt, dass so bedeutsame Menschen wie **Albert Einstein** oder **Winston Churchill** laut einer Spät-Diagnose „klassische Fälle" waren.
Wehe jedoch, wenn einer von diesen beiden und anderen den falschen Beruf gewählt hätte. Buchhalter etwa – so viel Sorgfalt zerreißt die rastlose ADHS-Seele und treibt sie in den Abgrund. Übermäßig hoch ist daher die Zahl derer, die nach unpassenden Lebensentscheidungen in Suchttragödien gestolpert sind.
Zu den ADHS-Ursachen fehlt uns ein verlässlicher Befund. Die Mehrzahl der Wissenschaftler geht von einer Unterfunktion im Bereich des für die Steuerung der Aufmerksamkeit verantwortlichen Frontalhirnes aus. Die wird offenbar durch eine Störung der Mengenregulation von Dopamin und Noradrenalin hervorgerufen. Das sind zwei so genannte Neurotransmitter, chemische Botenstoffe, die Informationen von einer Nerven-

> „Die rastlos wandernde Aufmerksamkeit dieser Kinder ist im Klassenzimmer eine Krankheit – im Wald hingegen wäre sie eine Lebensversicherung"

zelle an die nächste weitergeben. Dabei könnten auch **genetische Ursachen** (mit)verantwortlich sein. Für die hat der US-Pädagoge Thom Hartmann – er leitet seit über 30 Jahren ein Internat für ADHS-Kinder – eine sehr sympathische Erklärung: „Die rastlos wandernde Aufmerksamkeit dieser Kinder ist im Klassenzimmer eine Krankheit – im Wald hingegen wäre sie eine Lebensversicherung." Folglich geht er davon aus, dass in Kindern mit schwer zu bändigender Aufmerksamkeit ein Talent aus der Urzeit fortlebt. Aus jenen Tagen, als der Mensch noch Jäger war.

Seit vor etwa acht Jahrtausenden mit Ackerbau und Viehzucht neue, ruhigere Tugenden zum Maß der Dinge wurden, haben es die Jäger einfach schwer.

Wie gesagt, werden zehn Millionen „kleine Jäger" weltweit mit Psychopharmaka ruhig gestellt. Die Mehrzahl in den USA, aber auch in Deutschland dürften bereits rund 160.000 und in Österreich 15.000 Kinder zu denen zählen, deren schwieriger Überschwang mit den inzwischen zahlreichen Amphetamin-Produkten (Ritalin, Medikinet etc.) gebremst wird. Der Verbrauch an solchen (Aufputsch-)Mitteln, die im konkreten Fall eine noch nicht restlos geklärte, paradoxe Wirkung entfalten, ist in den letzten zehn Jahren um **700 Prozent (!)** angestiegen.

Dazu tobt ein weltweiter Glaubenskrieg, der dutzende Bücher füllt und für den auf beiden Seiten mit schwerwiegenden Argumenten ins Gefecht gezogen wird. Die Gegner der medikamentösen Ruhigstellung warnen vor den langfristigen Folgen chemischer Eingriffe in ein sich erst entwickelndes kindliches Gehirn. Die Befürworter haben wiederum viele engagierte Mediziner hinter sich,

die in diesen Fällen vorerst keine geeigneten Alternativen zur Chemie sehen.
Tatsächlich scheint der Karren so verfahren zu sein, dass nur noch Notoperationen helfen. Was hat ihn so weit gebracht?
Durchaus plausibel klingt folgende Theorie, die so mancher in der breit gestreuten Expertenschaft vertritt: Es gibt für ADHS zwar eine gewisse genetische Disposition – wie übrigens zu vielem anderen auch. Ein Mensch gleicht eben nicht dem anderen. Aber damit lässt sich den Genen noch lange nicht allein die Schuld in die Schuhe schieben. Junge Menschen, die – siehe Thom Hartmann – von ihren Veranlagungen eher zum Jäger neigen, sind offenbar für manche Entwicklungen unserer Zeit verwundbarer als andere.
Besonders nahe liegt damit natürlich der Verdacht, dass solche Kinder zu Opfern der multimedialen und sonstigen Reizüberflutung geworden sind. Diesen Verdacht nährt auch eine Studie an 1300 Grundschülern in den USA, die 2004 in „Pediatrics“, dem Fachmedium für Kinderärzte in den Vereinigten Staaten veröffentlicht worden ist. Die Autoren (Dimitri Christakis vom Kinderspital in Seattle und Mitarbeiter) entdeckten einen starken Zusammenhang zwischen TV-Konsum im Alter von ein bis drei Jahren und Verhaltensschwierigkeiten bzw. ADHS im Schulalter. Das Gehirn von Kleinkindern mit seinen raschen Entwicklungsschritten könnte – wovor Fachleute schon länger gewarnt haben – dem raschen Wechsel der elektronischen Bilderwelten tatsächlich noch nicht gewachsen sein. Womit ein viel beschäftigter Babysitter in Frage gestellt wird. Aber es gibt auch einen sehr konkreten Verdacht aus einer ganz anderen Ecke.
Die kleinen Jäger leiden darunter, dass es für sie heute so unglaublich schwer geworden ist, Halt zu finden. Es gibt zu wenig davon in zerrissenen Elternhäusern, in einem pädagogisch schwer verunsicherten Schulwesen, in einander widersprechenden Medien und bei Freunden, die sich ihrer Sache nicht viel sicherer sind.
Auf der Strecke bleibt die Aufmerksamkeit.

Die Welt muss umdenken

Die Dekaden des Gehirns. Tausende Wissenschaftler rund um den Globus beteiligen sich schon seit vielen Jahren am wohl größten und spannendsten Forschungsprojekt aller Zeiten. Noch nie haben so viele große Köpfe in so vielen Ländern mit solcher Leidenschaft ein gemeinsames Ziel verfolgt – sie wollen das letzte große Rätsel der Gegenwart lösen. Es geht um die Geheimnisse des komplexesten Gebildes im Universum, des menschlichen Gehirns. Manche der Forscher sind der Faszination dieses Themas gewissermaßen gleich doppelt verfallen. Sie erliegen einerseits den vielen fachlichen Reizen, können aber andererseits der geballten öffentlichen Aufmerksamkeit und all den damit verbundenen Chancen nicht widerstehen.

Der Startschuss fiel in den USA, wo die 90er Jahre zur „Dekade des Gehirns" erklärt wurden. Deutschland übernahm diese Idee mit einem Jahrzehnt Verspätung, aber dennoch erfolgreich. Starke Forscherpersönlichkeiten tragen dazu bei, dass viele völlig neue Bilder unseres Daseins entstehen. Nicht immer heißt es Abschied nehmen von alten Weisheiten, denn bei manchen von ihnen wird der alte Glorienschein durch moderne Untersuchungsmethoden frisch aufpoliert.

Der weltweite wissenschaftliche Wettkampf hat mehrere Ursachen. So macht die deutsche Stiftung „Menschliches Gehirn" kein Hehl daraus, dass Erfolge in diesem

- Das Ende des freien Willens
- Die Macht des Unterbewussten
- Uns ist das Lachen vergangen
- PS-Mangel im Gehirn

Themenbereich „der Schlüssel zu vielen sehr wichtigen Zukunftsmärkten, insbesondere im Bereich der Kommunikations- und Informationstechnologien", sind. Und dass Forschungs- und Wirtschaftsstandorte den internationalen Anschluss nicht verpassen dürfen. Oder anders ausgedrückt: Sie müssen mit Aufsehen erregenden Spitzenleistungen die Aufmerksamkeit potenzieller Investoren erobern.

Das grassierende Forschungsfieber hängt ganz wesentlich mit der Tatsache zusammen, dass die moderne Technik den Gehirnforschern einen alten Traum erfüllt hat. Plötzlich ist es möglich, dem Gehirn beim Denken zuzusehen! „Bildgebende Verfahren", deren Entwicklung mit der Computertomographie begann, ermöglichen faszinierend deutliche Einblicke in den Kosmos der Neuronen (Nervenzellen). Wer in der obersten Liga der Forscherzunft mitspielen will, muss heute Zugriff zur funktionellen Magnetresonanz-Tomographie (fMRT), Positronen-Emissions-Tomographie (PET), Magnetenzephalographie (MEG) oder Einzel-Photonen-Emissions-Computertomographie und anderen teuren wissenschaftlichen Gerätschaften haben.

Alles stürzt sich damit auf ein im Durchschnitt 1300 Gramm schweres, unter der Schädeldecke verborgenes, einzigartiges Naturkunstwerk aus Protein, Eiweiß und Fett, dessen Leistungen die besten Computer der Welt nicht gewachsen sind und wahrscheinlich auch nie gewachsen sein werden – das Gehirn des Menschen. Das geistige Wettrüsten der Wissenschaftselite hat nicht weniger als 100 Milliarden Neuronen im Visier, die sich an 100 Billionen Synapsen verknüpfen und über eine ungeheuer komplizierte „Sprache" von chemischen wie auch elektrischen Vorgängen unser aller Verhalten steuern und prägen.

Vom großen Ziel, der Entschlüsselung des Gehirns – wie es bei den Genen gelungen ist –, dürfte die Wissenschaft noch Lichtjahre entfernt sein, aber immerhin gelang es bereits vielfach, sich weit an die Grenzen der Unvorstellbarkeit heranzutasten. Damit leben allerlei Hoffnungen. In erster Linie solche, die unsere Gesundheit betreffen, denn 50 Prozent aller Behandlungskosten entstehen durch Erkrankungen, die, direkt oder auf Umwegen, das Gehirn betreffen. Es geht aber auch um andere, gewaltige Herausforderungen. Etwa neue Qualitäten des Älterwerdens in einer überalterten Gesellschaft. Den Sieg über die Macht der Süchte, eine neue Effizienz der schwer unter Beschuss geratenen Bildungssysteme. Und – nicht zuletzt – um das Menschliche am Menschen. Ganz einfach sein rätselhaftes „Ich", über das vor den Hintergründen neuen Wissens leidenschaftlich wie schon lange nicht diskutiert wird.

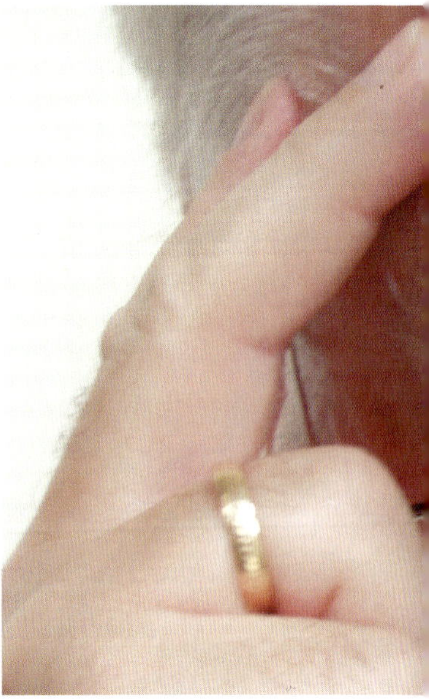

Wunder Gehirn – hier stehen 100 Milliarden Neuronen für das menschliche Denken im Einsatz!

Die „Bombe" tickt. Im Zentrum dieser Debatten steht die eigentliche „Bombe" der modernen Gehirnforschung, zu der sich inzwischen die Mehrzahl der in diesem Bereich tätigen Wissenschaftler bekennt. Man betrachtet den eigentlich so selbstverständlichen freien Willen des Menschen, das wichtigste Gut einer demokratischen Gesellschaft, nur als Illusion, eine Art Selbstbetrug des Bewusstseins. Prominentester Vertreter dieser Meinung ist im deutschen Sprachraum Gerhard Roth, Direktor des Institutes für Hirnforschung an der Universität Bremen und Gründungsrektor des Hanse-Wissenschaftskollegs der Länder Bremen und Niedersachsen. Er nennt den freien Willen „ein Konstrukt unseres abendländischen Denkens"!

Den Grundstein zu dieser Überzeugung hat im März 1979 der Neurophysiologe Benjamin Libet von der University of California in den USA mit einem berühmt gewordenen – und inzwischen vielfach wiederholten – Versuch gelegt, bei dem das Bewusstsein gegenüber einer Handlungsinitiative des Gehirns stets eine halbe Sekunde Verspätung hatte. Mehr noch: Das Bewusstsein gaukelte sich in diesen Fällen stets selbst einen freien Willen vor, den es rein rechnerisch nicht haben konnte.

Damit ist eine bange Frage verbunden. Die Frage aller Fragen: Wer oder was lenkt die alltäglichen Geschicke des Menschen, führt die Regie im Leben? Roth ist sich

diesbezüglich seiner Sache sehr sicher: „Das überwiegend unbewusst arbeitende **limbische System** hat bei Entscheidungsprozessen und bei der Verhaltenssteuerung das erste und das letzte Wort. Verstand und Vernunft haben nur eine beratende Funktion", hört man ihn bei seinen vielen Vorträgen immer wieder sagen.

Ein triftiger Grund jedenfalls, das Bewusstsein – und vor allem auch dessen, neben dem Gedächtnis, wichtigsten Partner, die **Aufmerksamkeit** genauer unter die Lupe zu nehmen.

Dabei findet man rasch einen bemerkenswerten Hinweis. Die bewusste Wahrnehmung des Menschen ist der gigantischen Datenfülle, die die Sinne zuliefern, nicht im Entferntesten gewachsen. In konkreten Zahlen: Das Auge sendet pro Sekunde zehn Millionen bit (das Maß für eine Informationseinheit) an das Gehirn, die Haut eine weitere Million, Ohr und Geruchssinn je 100.000 und der Geschmackssinn legt noch einmal bescheidene 1000 bit drauf. Unser Bewusstsein schafft aber – so schätzen Fachleute – Wahrnehmung in einer Mini-Dosis von höchstens 40 bit pro Sekunde! Oder sogar noch weniger. Der dänische Wissenschaftsjournalist Tor Norretranders („Spüre die Welt. Die Wissenschaft des Bewusstseins") meint daher, die Genialität des Bewusstseins „beruht nicht auf der Information, die es enthält, sondern auf der, die es nicht enthält". Also der unsere menschliche Vorstellungskraft sprengenden Selektionsarbeit.

„Die bewusste Wahrnehmung des Menschen ist der gigantischen Datenfülle, die die Sinne zuliefern, nicht im Entferntesten gewachsen"

Womit die rätselhafte, aber offensichtlich mächtige Unterabteilung des Bewusstseins ins Spiel kommt, die mit einer Vorstufe der Aufmerksamkeit kooperiert. Sie hat den härtesten Job zu erledigen und filtert, noch dazu im atemberaubenden Tempo von Millisekunden, aus unglaublichen Datenmengen das ihrer Meinung nach Wichtigste heraus. Diese Arbeitsgemeinschaft verfügt auch noch über eine Art Geheimarchiv – ein eigenes Gedächtnis des Unterbewusstseins mit gewaltigen Speicherkapazitäten. Zugriff zu alldem hat die graue Eminenz des Ichs, das limbische System. Es ist – sehr vereinfacht ausgedrückt – jener Ort im Gehirn, wo die gesammelten (auch unbewussten!) Erfahrungen des Menschen zu dem verschmelzen, was wir fast abschätzig Gefühle nennen. Dabei sind genau sie es, wie man in der Gehirnforschung immer stärker glaubt, die uns leiten!

An dieser Stelle können wir vier wichtige Schlüsse ziehen, die aus Sicht der heutigen Aufmerksamkeitskultur von Bedeutung sind.

- Wir unterschätzen die Macht des Unterbewussten! Und damit das unglaubliche Potenzial so genannter „subliminaler" Botschaften. Es gilt als bewiesen, dass Informationen, die nur maximal 50 Millisekunden lang präsentiert werden, zwar nicht bewusst wahrgenommen werden, aber dennoch das menschliche Verhalten beeinflussen. Schon in den 50er Jahren liefen in den USA Experimente mit solcher Form von Werbung – die unbemerkt in Filme oder TV-Übertragungen „geschnitten" werden kann – und lösten einen Sturm der Entrüstung aus. Man darf wohl annehmen, dass diese in Fachkreisen bekannte Versuchung damit nicht für ewig vom Tisch ist. Wie gehen wir damit um?
- Auch die wahre Dramatik der, wie bereits ausführlich geschildert, geradezu explodierenden Datenzulieferung spielt sich im Unterbewusstsein ab, das Schwerstarbeit beim Filtern und Auswählen leisten muss. Weil uns dorthin logischerweise die Zugänge fehlen, können wir die Folgen des Unmaßes schwer abschätzen. Einen beunruhigenden Hinweis liefert allerdings die Unfallforschung. Für gar nicht wenige Fehlleistungen von Autolenkern gibt es eigentlich keine richtige Erklärung, aber eine starke Vermutung – das Gehirn hat auf Informationsüberlastung mit

einem „Systemausfall" reagiert. In manchen Fällen mit schwerwiegenden Folgen. Werden wir mit solchen „Abstürzen" leben lernen müssen?

- Über den Speicher des Unterbewusstseins nimmt die alltägliche Informationsflut massiv und unkontrolliert Einfluss auf das menschliche Wesen, indem sie (über den Umweg des limbischen Systems) seine Gefühle mitprogrammiert. Solcherart könnte die intensive Beschäftigung mit aggressionsgeladenen Computerspielen oder Filmen speziell bei Kindern dauerhafte Spuren hinterlassen – klare Hinweise in diese Richtung gibt es.
- Wir wissen noch sehr wenig über die Kooperation von Unterbewusstsein, Bewusstsein, Voraufmerksamkeit und Aufmerksamkeit. Unsere Unwissenheit geht so weit, dass die Medizin seit eineinhalb Jahrhunderten auf allen Operationstischen der Welt erfolgreich Anästhesie – also geplante Bewusstlosigkeit – praktiziert, aber nach wie vor keine ausreichende wissenschaftlichen Erklärungen dafür gefunden hat. Ja, es gibt auch zahlreiche Indizien dafür, dass Patienten bei Operationen in tiefster Bewusstlosigkeit auf Gespräche reagieren bzw. sich später an deren Inhalt erinnern können. Ein ähnliches Phänomen ist auch von Koma-Patienten bekannt, die sich von widersprüchlich-provozierenden Informationen aus ihrer scheinbaren Ruhe bringen lassen. Wie etwa diese: „Er nahm eine Tasse Kaffee, gab Zucker und Benzin hinein." Die Voraufmerksamkeit scheint in der Lage zu sein, selbst in schwierigen Lebenslagen unter bestimmten Bedingungen zumindest so etwas wie einen Notbetrieb aufrechterhalten zu können.

Ein „Doping" namens Dopamin. Noch einmal zurück zum limbischen System, das auch auf einer anderen Ebene gewaltigen Einfluss hat. Es ist Teil eines genialen Motivationsapparates, eines ganzen Zentrums für Belohnung und Lust, das 1954 die US-Neurowissenschaftler Peter Milner und James Olds entdeckten. Das

Hauptquartier liegt in dem zum limbischen System gehörenden Nucleus accumbens, der reichlich einen der begehrtesten Kraftstoffe im Neuronenland auf Lager hat – das Dopamin! Dieser chemische Botenstoff, einer von unzähligen Neurotransmittern, die die Verständigung der Neuronen untereinander ermöglichen, mischt in mehreren Abteilungen mit. Dopamin gibt etwa die Befehle des Nervensystems an die Muskulatur weiter, stärkt die Fähigkeit der Wahrnehmung und – sicherlich seine wichtigste Aufgabe – es beschert dem Menschen die Gefühle von Glück, Zufriedenheit und Zuversicht. Unterstützung geben ihm dabei ähnlich wirkende Stoffe der Signalübermittlung wie Serotonin und Endorphine.

Dopamin ragt damit nach derzeitigem Wissensstand auffallend aus der Schar der Botenstoffe heraus. Es scheint so etwas wie die wichtigste Währung des Belohnungssystems zu sein. Man begegnet ihm immer, wenn es für den Menschen um besonders viel geht. Bei erotischen Erlebnissen wird das Gehirn damit förmlich überflutet,

Dopamin beschert die Gefühle von Glück und Zufriedenheit

aber auch Freude über ein Erfolgserlebnis, eine wichtige Erkenntnis, schöne Musik oder ein interessantes Gespräch sind damit spürbar, dass die Neuronen reichlich mit derart wohliger Chemie beschenkt werden.
Dopamin ist der „Zuckerwürfel", mit dem die limbische Verwaltungszentrale den Menschen dressiert. Dieser Chemiecocktail sorgt dafür, dass uns das Bedürfnis nach belohnenden Lustgefühlen wie ein Motor antreibt. Er lässt eine Sucht nach all jenem Verhalten entstehen, das sich in der Evolutionsgeschichte des Menschen als sinnhaft erwiesen hat. Gesteuert werden damit der Fortpflanzungstrieb, die Lernlust – die leider die Schule dann oft wieder austreibt – genauso wie unsere Radaranlage, die Aufmerksamkeit. Sie lechzt nach einem **Glücksgefühl** im Tausch gegen entdeckte Beute in Form von Überraschung oder Neuartigkeit.
Weil bekanntlich das Neue im Meer der Reizvielfalt immer schwerer zu finden ist, weil der Wohlstand alles so selbstverständlich macht, aber auch aus vielen anderen Gründen wächst die Versuchung, Glücksgefühle künstlich herbeizuführen. Der einfachste Weg wäre rein theoretisch ein dem Körper auf welchem Weg auch immer zugeführtes Gemütsdoping mit Dopamin. Da hat allerdings die Natur insofern eine Bremse eingebaut, als sie chemische „Nachbauten" dieses Botenstoffes nicht durch die Blut-Hirnschranke durchlässt. Das Motto heißt: Aus eigener Produktion oder gar nicht. Eine weise Sicherheitsmaßnahme als Beweis dafür, dass der gefragte Botenstoff in der Bedeutungshierarchie ganz hoch eingestuft ist.
Aber es gibt eine gefährliche Hintertüre. Die meisten bekannten Suchtmittel (Kokain, Heroin, Morphium, Amphetamine etc.) wirken auf Umwegen – sie steigern die Dopamin-Konzentration im Nucleus accumbens. Mit schwerwiegenden Folgen. Und zwar damit, dass mit fortschreitender Sucht immer höhere Dosen notwendig werden, bis man verstärkte Lustgefühle und mehr Wahrnehmungskraft spürt. Letztlich dienen dann die Drogen nur noch dazu, die Entzugserscheinungen zu lindern. Von Glück kann nicht mehr die Rede sein.

Hilfe! Wir haben das Lachen verlernt

Auch die menschliche Gemeinschaft lebt nach dem Prinzip des Belohnungssystems. Wie stark die Sehnsucht nach dem Glück oder seinen beiden kleineren Schwestern, der Freude und der Heiterkeit ist, bemerken wir schon in der eigenen Umgebung. Zu Menschen, **die gute Laune** versprühen und die Lacher auf ihrer Seite haben, fühlt sich jeder hingezogen. Ihnen gehört alle Aufmerksamkeit. Die Fernsehmacher wissen ganz genau, was ihnen ein Thomas Gottschalk wert ist. Seine Auftritte sind eine regelrechte Dopamin-Kur, und das wird mit der allerbesten Sendezeit am Samstagabend belohnt.

Das, was Soziologen oft als „Spaßgesellschaft" bezeichnen, entpuppt sich beim näheren Hinsehen als Suche nach etwas, das immer schwieriger zu finden ist. Einen Beweis dafür legt eine noch junge Wissenschaft vor – die **Lachforschung** (Gelotologie): In den bescheidenen 50er Jahren, als vom Wirtschaftswunder noch kaum etwas zu sehen war, wurde durchschnittlich 18 Minuten am Tag gelacht. Heute ist uns buchstäblich das Lachen (fast) vergangen – armselige 6 Lach-Minuten halten uns mit Ach und Krach bei Laune. Ein Drittel von einst!

Die Gelotologen, die eng mit der Gehirnforschung zusammenarbeiten, machen klar, dass die grassierende Humorlosigkeit nicht so ganz locker hingenommen werden darf. Denn sie finden mehr und mehr etwas bestätigt, was im Volksmund schon immer gegolten hat: Lachen ist die beste Medizin! Es stärkt das Immunsystem, erweitert das Lungenvolumen, führt zu Sauerstoffanreicherung im Blut und kann sogar die Heilungsvorgänge bei Krankheiten fördern. Was noch vor ein paar Jahren als Gag belächelt wurde, bewährt sich in zahlreichen Spitälern – der Einsatz von Lachtherapeuten. Tatsächlich: Lachen auf Krankenschein!

Warum haben wir das Lachen verlernt? Was ist mit unserer guten Laune los?

Auch in der Beantwortung dieser heiklen Fragen können wir zumindest teilweise auf Erkenntnisse der Gehirnforschung zurückgreifen. Zunächst einmal soll es tatsächlich jenen Effekt geben, der in der Medienbranche als oberstes Arbeitsprinzip gilt: Bad news are good news. Schlechte Nachrichten sind gute Nachrichten, in dem Sinne, dass sie bei den Sehern, Hörern und Lesern mehr Wirkung zeigen. Nun haben wir es schwarz auf weiß. In der emotionalen Intensität liegt das Ärgerliche weit über dem Erfreulichen!

> **„In der emotionalen Intensität liegt das Ärgerliche weit über dem Erfreulichen!“**

Die Lebenserfahrung bestätigt das schon lange. Vergrämte Zeitgenossen greifen blitzschnell zum Telefon, um dem Vorgesetzten alles, aber auch wirklich alles von der Unhöflichkeit seines Mitarbeiters zu schildern. Aber wenn sich jemand förmlich zerreißt für den Kunden, bleibt selbiger mit seinem Lob im Regelfall eher diskret.

Die mediale Bad-News-Power – die wahrlich nicht nur von den Journalisten, sondern zu gleichen Teilen von ihren Informationslieferanten getragen wird – hat jedoch zu einem kräftig verschobenen Bild der Wirklichkeiten geführt. Es riecht alles schwer nach Korruption, Intrige, Neid, Fehlleistung und Amtsschimmel. Nach einem latenten öffentlichen **Pessimismus.** An diesem Punkt bestätigt wieder die Wissenschaft etwas, das auch der Alltag lehrt. Menschen mit negativ gepolter Aufmerksamkeit werden stets zu negativen Perspektiven gelenkt, bei Optimisten ist es genau umgekehrt. Anders ausgedrückt: Pessimisten bekommen von ihrer Aufmerksamkeit gute Nachrichten gar nicht geliefert. Dieses „Produkt" ist nun einmal nicht gefragt.

IQ auf Höhenflug. Wenngleich man bisweilen geneigt sein mag, genau das Gegenteil zu glauben – der Mensch unserer Tage ist klüger geworden. Dafür gibt es sogar einen berühmt gewordenen Beweis, den wir allerdings merkwürdigerweise bis heute nicht verlässlich erklären können. Aber dazu später. In den 80er Jahren machte der aus den USA nach Neuseeland ausgewanderte Politologe James Flynn beim Datenvergleich von Intelligenztests in 20 Industriestaaten eine Entdeckung, die seit damals als **„Flynn-Effekt"** bezeichnet wird. Seit den 50er Jahren wächst – wie inzwischen durch allerlei andere Untersuchungen bestätigt wurde – der Intelligenzquotient (IQ) durchschnittlich um rund drei Prozent pro Jahrzehnt. Um es kurz zu sagen: Die Kids der Jahrtausendwende sind um gut eine Klasse klüger als jene der Nachkriegsjahre!

Mögliche Erklärungen dafür gibt es in Hülle und Fülle – aber welche passt? Die bessere Ernährung, die den Menschen bekanntlich auch um einiges größer macht als seine Ahnen. Die umfassendere Schulbildung oder veränderte Familienstrukturen – Einzelkinder bekommen nun einmal von ihren Eltern mehr Aufmerksamkeit geschenkt. Fernsehen und Computer fallen aus zeitlichen Gründen aus. Der IQ ging, wie gesagt, schon einige Zeit vor ihrer Blüte auf **Höhenflug.**

Mittlerweile neigt die Fachwelt am ehesten der Meinung zu, dass es insgesamt ein gesellschaftlicher Trend zum Bildhaften war, der der Wohlstandswelt den IQ-Hype beschert hat. Angestachelt wurde er einst über Filme, Plakate und Printmedien, später haben ihn dann der Flimmerkasten und der Computer noch weiter angeheizt.

Diese Theorie holt uns auch wieder auf den Boden der Wirklichkeit zurück. Die gängigen Intelligenztests setzen stark auf Bilder, und vor allem im leichteren und schnelleren Umgang mit ihnen wurden die meisten Pluspunkte gesammelt. Es gibt allerdings auch eine viel sagende Gegenseite: In anderen Sphären der Intelligenz ortete man Leistungsrückgänge – etwa bei komplexeren Denkprozessen. Das könnte daran liegen, dass in eiligen Zeiten die Geduld abhanden gekommen ist.

Fassen wir – weil auch die Expertenschaft in diesen Fragen ziemlich uneins ist – vorsichtig zusammen: Das Gehirn hat wie ein verantwortungsvoller Unternehmer die Zeichen der Zeit erkannt und umstrukturiert. Es versuchte, die Intelligenz der Menschen den veränderten Bedürfnissen der Reizüberflutung anzupassen. Folglich wurde auf Kosten von Denktiefe auf das Wahrnehmungstempo gedrückt. Wir spüren das in Form einer neuen Oberflächlichkeit, die total auf zwei Techniken der Informationsbeschleunigung setzt.

Erstens: Das erwähnte **Zapping,** den Wildwasserslalom durch die Fernsehkanäle auf der Flucht vor der Fadesse, das sich als Verhaltensmuster wie eine Epidemie verbreitet. Die Vollgasgeschöpfe der Fernbedientheit wechseln in ähnlich halsbrecherischem Tempo Beziehungen, Jobs und Ansichten, halten es am Urlaubsort nicht länger als drei Tage aus und müssen nächtens von einer Disco zur nächsten hecheln. Zuhören – was ist das?

„Scannen ist eine Notwehraktion der Aktivbürger der Informationsgesellschaft.“

Zweitens: **Scanning** – der jüngere Bruder dessen, was einst Querlesen genannt worden ist. Scannen ist eine Notwehraktion der Aktivbürger der Informationsgesellschaft. Sie wollen alles wissen, aber übrig bleibt auf diese Weise (fast) nichts. Ausgenommen von dieser These sind die wenigen, die das als eine Art Kunst meisterhaft beherrschen.

Noch einmal zurück zur Intelligenz: Neueste Studien lassen vermuten, dass der kontinuierliche IQ-Zuwachs vorerst gestoppt ist. Warum, lässt sich noch schwer sagen. Ist ein Höchstmaß erreicht? Sehen die vereinigten Gehirne die Zeit für eine ganz andere Strategie gekommen?

Oder es trifft langsam das ein, was Christopher Williams, Mitarbeiter der Führungsakademie der Vereinten Nationen, in seinem Buch „Endstation Gehirn" kommen sieht. Eine Bedrohung der menschlichen Intelligenz durch Vergiftung der Umwelt. Vor allem in den Ländern der Dritten Welt, aber teilweise auch in unseren Breiten verschließt man die Augen vor so vielen diesbezüglichen Gefahrenpotenzialen, wie etwa dem (bei uns längst verbotenen) verbleiten Benzin, dem Jodmangel und der radioaktiven Strahlung. Nur ein von Williams zitierter, erschütternder Wert, der das Ausmaß der Bedrohung zeigt: In Mexico City, der größten Stadt der Welt, werden 25 Prozent aller Kinder mit so hoher Bleikonzentration im Blut geboren, dass ihr Gehirn in unterschiedlicher Intensität dauerhaft geschädigt ist!

Ganz so weit liegen derart düstere Szenarien von uns nicht entfernt. Trinkwasser fließt in nicht wenigen Altbauten noch durch Bleirohre, was zum Beispiel in manchen Fällen schwer wiegende Konsequenzen haben kann. Bleivergiftungen führen zur Verminderung von Lern- und Gedächtnisleistungen, einer Erhöhung der Hörschwelle und zu ähnlichen Symptomen wie beim Aufmerksamkeitsdefizit- und Hyperaktivitätssyndrom (ADHS).

Brennstoff, bitte! Die genialen Denkmaschinen in den Köpfen der Menschheit haben also nicht nur ihre liebe Not mit der Bewältigung der Datenfülle, sie leiden auch – ausgerechnet in der Dekade des Gehirns! – an zunehmend schlechten Arbeitsbedingungen. Ihr Hauptproblem in diesem Zusammenhang ist die Energieversorgung.

Die kuriose Ursache dafür: Den Denkerinnen und Denkern fehlen im Informationszeitalter wesentliche Informationen über ihr Gehirn. Sein Anteil an der menschlichen Körpermasse macht bescheidene zwei Prozent aus, aber die anspruchsvolle Tätigkeit fordert eben ihren Tribut, nämlich 20 bis 25 Prozent an **Energieverbrauch** – in Form von Glukose und Sauerstoff. Die Folge davon ist ganz leicht zu erklären: Bei Hunger, aber auch Sauerstoffmangel, beispielsweise in schlecht gelüfteten Räumen, läuft die „Maschine" nicht richtig, es leidet die Aufmerksamkeit und es sind anspruchsvollere Denkleistungen nicht drin.

Wie wir wissen, machen sich die polarisierenden Effekte der Aufmerksamkeitskultur kaum irgendwo so bemerkbar wie bei der Ernährung. Zunächst schlemmt man sich, verlockt von geradezu perfekt inszenierter Fastfood- und sonstiger Werbung, heißhungrig zu einem neuen Lebensgefühl. Und zu Übergewicht! Dann geraten Frau und Mann in die Fänge derer, die die totale Schlankheit predigen, und müssen sich im Auftrag der Modezaren und ihrer Schergen zur figürlichen Perfektion hungern. Was bekanntlich ohnehin so gut wie niemand dauerhaft schaffen kann. Mit dem Hüftspeck kann das Gehirn ganz gut leben, die Dürreperioden treiben es jedoch an den Rand der Verzweiflung, zumal die dringend benötigte Glukose nicht auf Vorrat gelegt werden kann.

> **„Nur ausreichendes und richtiges „Futter" sorgt im Kosmos der Neuronen dafür, dass alles richtig funktioniert"**

Nur ausreichendes und richtiges „Futter" sorgt im Kosmos der Neuronen dafür, dass alles richtig funktioniert. Veränderte Lebensgewohnheiten – auch wenn sie noch so gut gemeint sind – können zu erheblichen Systemkrisen führen, wie vor allem ein Beispiel zeigt: Aus guten Gründen geht man heute fett- und cholesterinhalti-

gen Lebensmitteln aus dem Weg. Manche Menschen tun das sogar sehr gründlich, indem sie sich ausschließlich „light" ernähren oder gar auf vegetarische Kost umsteigen. All das mag – aus welchen Gründen immer – Sinn machen, für das Gehirn schafft es Probleme. Ihm fehlt die ausreichende Versorgung mit einem Phospholipid, das den komplizierten Namen Phosphatidylserin trägt und für die Kommunikation der Gehirnzellen untereinander wichtig ist.
Selbiges findet sich vorwiegend in Fleisch – speziell in Hirn und Innereien – sowie in fettreichen Meeresfischen (Makrele, Hering etc.). Phosphatidylserin – einprägsam abgekürzt als PS – wird mittlerweile in „Riegel" verpackt zum interessanten Produkt auf einem wirtschaftlichen Hoffnungsmarkt. Es hilft in besonders herausfordernden Lebenssituationen ebenso wie in fortgeschrittenem Alter. So verspricht man, „einen optimalen Informationsfluss zu gewährleisten".
Der Bedarf für diese Form der Hilfe scheint reichlich gegeben zu sein: In den 80er Jahren nahm der noch nicht cholesterin- und fettverschreckte Konsument durchschnittlich 250 „PS" oder, genauer gesagt, Milligramm davon, mit der täglichen Nahrung auf. Selbst „Normalesser" bringen es heute nur noch auf 180 Milligramm. Jene vielen, die auf der „light"-Welle schwimmen, schaffen im wahrsten Sinne des Wortes magere 100, Vegetarier nur 50 PS.
Auch andere **Lebensmittel** sind gut für das „Köpfchen", aber kulinarisch aus der Mode. Zum Beispiel Linsen und Bohnen, die ob ihrer bekannten Nachwirkungen nur als eingeschränkt gesellschaftstauglich gelten. Dennoch sind beide einst, wie die Küchengeschichte überliefert, ein regelrechter Turbolader für die Denkkraft von Prüflingen gewesen. Dafür gibt es eine gute Erklärung. In den Hülsenfrüchten finden sich Acetylcholin und Cholin, die für Lern- und Gedächtnisstärke sorgen.
Insgesamt darf festgehalten werden, dass aus Sicht des Gehirns die von allen Experten gepredigte Essensregel gleich doppelt gilt: Der Mensch braucht ausgewogene Ernährung!

Sprengen Pillen als „Brainbooster" bald alle bisherigen Grenzen des Denkens?

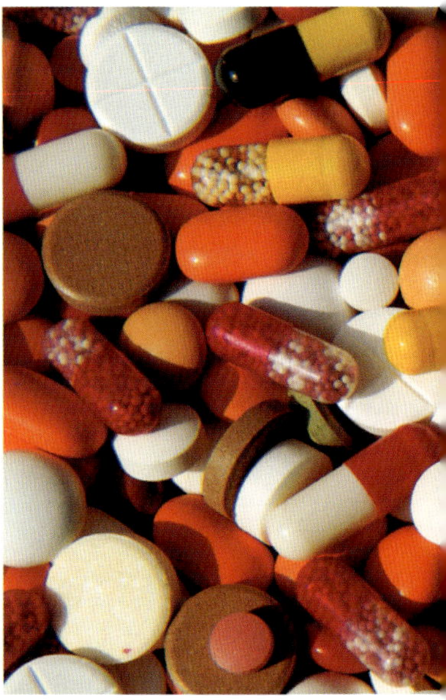

Pillenpower. Die größten Hoffnungen und gleichzeitig auch die größten Ängste prallen dort aufeinander, wo es vielleicht schon bald die aufregendsten Fortschritte der Gehirnforschung geben könnte – im Bereich der Pharma-Wissenschaften. In den Labors der Großkonzerne wird unter Hochdruck gearbeitet. Es geht um sehr viel Prestige, denn in nächster Zeit sollte es durch die enormen Wissensfortschritte den einen oder anderen großen Wurf geben. Und wehe, wenn dieser der Konkurrenz gelingt! Zusätzlich hat man natürlich gigantische neue Märkte im Visier. Um nur ein Beispiel zu nennen: Die Zahl der Menschen, die unter Alzheimer und anderen Demenzerkrankungen leiden, wird sich in den nächsten Jahrzehnten vervielfachen.

Eine wichtige Spur der Hoffnung für eine Gesellschaft, die immer älter und älter wird, ist die bekannte medizinische Erfahrung, dass sich bei Kindern das Gehirn nach Schädigungen nicht selten selbst wieder regenerieren kann. Eine Kraft der Natur, die bei Erwachsenen nicht mehr wirkt. In Tierversuchen ist es allerdings bereits gelungen, mit dieser „jungen Chemie" auch ältere Gehirne zu heilen.

Demnächst wird damit gerechnet, dass die ersten Gedächtnispillen auf den Markt kommen und schon bald danach nicht nur vergesslichen Senioren helfen, rascher die verlegte Brille wieder zu finden. Für Junge und Ge-

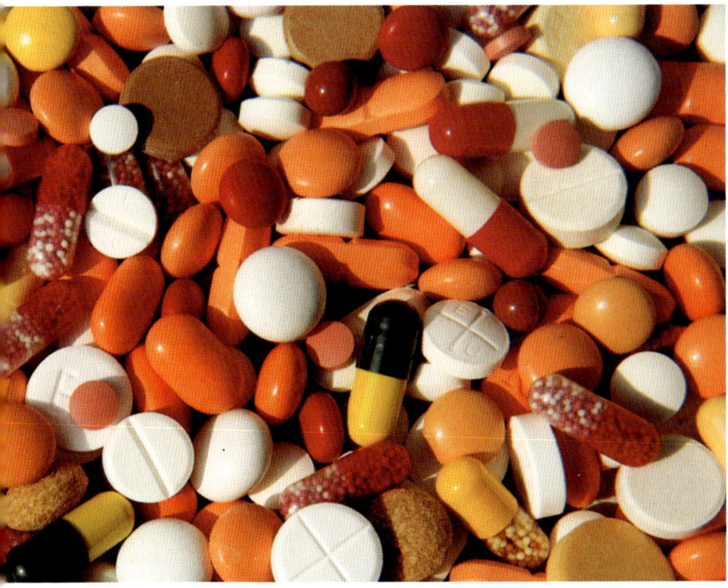

sunde könnten sie, fürchten Kritiker, zu **„Brainboostern"** werden, die alle bisherigen Grenzen des Denkens sprengen. Da beruhigt zwar die Wissenschaft und sieht theoretisch kein Potenzial für derartige Höhenflüge, aber schon jetzt sind warnende Beispiele bekannt:

- Medikamente gegen Narkolepsie (Schlafanfälle) sind der totale Heuler in der Partyszene. Damit ist dem Bett der Kampf angesagt. Auch lange Lernnächte vor großen Prüfungen werden gerne damit gedopt.
- Die an anderer Stelle schon erwähnten, umstrittenen Psychopharmaka zur Behandlung des Aufmerksamkeits- und Hyperaktivitätssyndroms (ADHS) bei Kindern und Jugendlichen führen ein merkwürdiges Doppelleben. Eigentlich handelt es sich um ein (unter das Betäubungsmittelgesetz fallendes) Aufputschmittel, das in den genannten Fällen eine paradoxe, beruhigende Wirkung entfaltet. So kommt es immer öfter vor, dass nicht nur gestresste Eltern von ADHS-Kindern heimlich deren Pillen schlucken, sondern auch überlastete Manager ebenso wie Studenten und Schüler vor wichtigen Schularbeiten und Prüfungen auf diesen Pharma-Turbo setzen. Folglich blüht der Schwarzmarkt von Schulhof bis Uni-Campus mit mehreren Nebenwirkungen. Es steht nicht nur die Gesundheit auf dem Spiel, auch eine Grundausbildung für Dealer ist entstanden.

Was in manchen Bereichen des Spitzensports gang und gäbe ist, könnte schon bald den immer härteren Alltagswettbewerb prägen – Doping! Im konkreten Fall ein Doping für die Sinne, damit sie in der Sintflut der Reize nicht untergehen.

Lernen ist Lust! Kaum irgendwo hat es – wie schon einleitend festgestellt – die Aufmerksamkeit derzeit so schwer wie in der Schule. Multimedial verwöhnte Action-Kids finden Lehrstoff nur zu oft zum Gähnen. Und biedere Wissensvermittler, seien sie auch noch so bemüht, erst recht. Der Trost in dieser Tristesse: Dem Bildungssystem hat die Gehirnforschung derzeit wohl am meisten zu sagen. Das war auch allerhöchste Zeit, denn die Pädagogik hat stürmische Zeiten der rast- und ratlosen Suche nach den besten Rezepten hinter sich. Sie glaubte zunächst an Autorität, dann an Antiautorität und weiß nun nicht so recht, wo genau die richtige Mitte liegt. Seit die Pädagogen auf die hypermodernen Gerätschaften der Neurowissenschaften zugreifen können – so ist die „Neuropädagogik" entstanden – lichten sich plötzlich die Nebel. Es sind wieder verblüffend einfache Regeln in Mode, wie sie etwa der Verfasser der „Didactica Magna", Jan Amos Comenius, bereits vor mehr als drei Jahrhunderten aufstellte: „Alles, was beim Lernen Freude macht, unterstützt das Gedächtnis."

> **”Alles, was beim Lernen Freude macht, unterstützt das Gedächtnis“**

Es gilt die Lust-Theorie! Unser Gehirn giert grundsätzlich nach Erkenntnis, ist also von Neugier getrieben – was im Sinne der Arterhaltung vom Belohnungszentrum geschürt wird. Ein Zusammenhang, der zu einer nicht ganz unlogischen Schlagzeile geführt hat: „Lernen ist sexy!" Da wie dort geht es um die Ausschüttung von Dopamin.

Als beste Beweise für einen starken Lerntrieb im Menschen werden immer wieder Babys genannt. Sie entdecken die Welt, ihre Rituale, Sprache und noch viel mehr in schier unglaublicher Geschwindigkeit – und sie wirken wahrlich nicht gestresst dabei. Das ist Lernlust pur! Warum klappt das so gut? „Weil wir noch keine Chance hatten, es ihnen abzugewöhnen", sagt Manfred Spitzer, Professor für Psychiatrie an der Universität Ulm, der mit seinem Buch „Lernen – Gehirnforschung und die Schule des Lebens" einen gefragten Wegweiser aus dem PISA-Schock anbietet.

Die neue Leitwissenschaft hat jede Menge Tipps für einen besseren Schulalltag parat. Nur einen wollen wir abschließend herausgreifen, weil er die Tücken einer reizüberfluteten Zeit zeigt. Der Lernstoff vom Vormittag braucht Zeit zur Festigung, auch wenn er schon längst nicht mehr im Bewusstsein präsent ist. Wer sich also gleich nach der Schule vor seinen Computer oder den Flimmerkasten setzt, „überschattet" damit das, was das Gehirn am Vormittag mühsam abgespeichert hat. Der Erfolgsfaktor schlechthin ist die ruhige, ungestörte Pause!

Von lila Kühen und schwarzen Schafen

Ein wesentliches Merkmal der menschlichen Aufmerksamkeit ist uns allen geläufig: Wenn sie sich intensiv mit etwas beschäftigt, also all ihre – bekanntlich beschränkten – Ressourcen konzentrieren muss, „versinkt" rundum die Welt. Was derartige Konzentration im Extremfall bedeuten kann, veranschaulicht ein berühmt gewordenes Experiment des US-Psychologen Daniel Simons, der auf Erkenntnisse seines bekannten Kollegen Eric Neisser zurückgreift. Testpersonen bekommen einen Film gezeigt, bei dem sich zwei jeweils in Schwarz bzw. Weiß gekleidete Mannschaften untereinander einen Ball zuwerfen. Die für die Aufmerksamkeit schwierige Aufgabe: Es galt die Zahl der Ballberührungen von einer der beiden Mannschaften mitzuzählen. Das schaffen die meisten ziemlich gut – aber kaum jemand registriert dabei einen kostümierten **„Gorilla"** (!), der quer über das Spielfeld spaziert, zwischendurch sogar stehen bleibt und sich stilecht auf die Brust trommelt.

Womit spannende Fragen offen bleiben. Wie viele derartige „Gorillas" übersehen wir in unserem Leben? Wie viel sind so genannte Augenzeugen-Berichte wert? Die Einzigen, die uns zu diesem Thema etwas konkretere Hinweise geben können, sind Menschen, die jene unterhaltsame Kunst beherrschen, die sich plakativ Magie nennt. Ihr Erfolgsrezept besteht nicht nur aus mühsam erworbener Fingerfertigkeit, sondern aus einer Technik,

- **Der „Gorilla“, den keiner sieht**
- **Droht die totale Manipulation?**
- **Sieg für die höchste Erregung**
- **... und 10 Prinzipien der Aufmerksamkeit**

die es versteht, Aufmerksamkeit gezielt umzulenken. So ähnlich „arbeiten“ bekanntlich auch Taschendiebe – oft im Duett. Einer bindet die Aufmerksamkeit, der andere bedient sich in der Einkaufstasche.

Seit etwa drei Jahrzehnten gilt diese leicht verständliche „Spotlight-Theorie“ – die Aufmerksamkeit richtet sich wie ein **Lichtkegel** auf ein reizstarkes Objekt, aber ringsherum bleibt alles schwach beleuchtet bis dunkel. Im geschilderten Film hetzt der „Scheinwerfer“ hinter dem Ball her, der Gorilla kriegt auf diese Weise nicht einen Lichtstrahl ab. Nun sind vorsichtige Zweifel angesagt, die Prof. Matthias Müller, Inhaber des Lehrstuhls für Psychologie und Methodenlehre an der Universität Leipzig, ausgelöst hat. Durch Messungen der Gehirnströme will er festgestellt haben, dass Menschen im Rahmen eines Versuches in der Lage waren, ihre Aufmerksamkeit auf zwei Objekte zu richten. Dies sogar unter erschwerten Bedingungen. Sie hatten ein weiteres – noch dazu in der Mitte befindliches – Ding zu ignorieren. Müller selbst bleibt dennoch vorsichtig: „Die Theorie wackelt, aber sie ist noch nicht umgeworfen.“ Auch die Fachwelt bleibt auf Distanz und verweist trocken auf die Statistiken für Verkehrsunfälle. Die belegen, dass sehr viele Alltags-Experimente dieser Art – Blick auf das Radio, das Handy oder sonst wohin – tragisch enden.

Die Forschung tut sich mit der Aufmerksamkeit, wie auch das genannte Beispiel belegt, nicht ganz leicht. Das für die heutige Zeit so bedeutsam gewordene Abenteuer spielt sich offenbar an mehreren Stellen tief im Neuronendschungel des Gehirnes ab, ist mit keiner Maßeinheit zu erfassen und von höchster Sensibilität. Was wird aus einer Welt, die die Aufmerksamkeit der Menschen lenkt, sie damit total **manipulieren** kann? Der Weg dorthin ist vorgezeichnet. Werbeprofis gelingt das oft schon sehr gut, aber vorläufig gibt es in diesem Geschäft keine Erfolgsgarantien. Noch regiert das – mit viel Erfahrung und Erkenntnis abgestützte – Gefühl und nicht die Wissenschaft. Noch passieren selbst den besten Strategen Bruchlandungen. Aber diese werden seltener.

> **„Noch regiert das – mit viel Erfahrung und Erkenntnis abgestützte – Gefühl und nicht die Wissenschaft"**

Fassen wir – sehr vereinfacht dargestellt – zusammen, was derzeit Stand der Dinge ist: Die Aufmerksamkeit ist im Unternehmen Gehirn für das umfassende Management der Informationsverarbeitung und für die Orientierung in der Welt verantwortlich. Der Frage nach dem „Chef" im Unternehmen, der damit auch Regie führt in unserem Leben, haben wir uns schon an anderer Stelle gewidmet, wo es um den freien Willen des Menschen ging. In diesem Zusammenhang scheint das limbische System, der Ort der Gefühle, zumindest so etwas wie eine höchst einflussreiche graue Eminenz zu sein. Wenn nicht mehr. Die klare Nummer eins im Kopf ist hingegen für Elkhonon Goldberg, Professor für Neurologie am New York University Medical Center und Schüler des weltberühmten russischen Neuropsychologen Alexander R. Lurija, der so genannte **präfrontale Cortex** – er nennt ihn den „Dirigenten im Orchester des Gehirns".

Vieles deutet darauf hin, dass beide sehr wichtige Rollen spielen, denn die Aufmerksamkeit ist zwar einerseits ganz stark einem freien Spiel der (Reiz-)Kräfte ausgeliefert, aber andererseits auch vom Menschen selbst steuerbar. Die Informationskanäle der Sinne konkurrieren miteinander, Daten und Reize, die zur höchsten Erregung oder größten Belohnung führen, gewinnen das Rennen.

Die Aufmerksamkeit versucht ihren äußerst schwierigen Job in einer klugen Strategie auf drei Ebenen zu bewältigen:

- Die Schwerstarbeit wird im „Reizeingangsbüro", durch die **Voraufmerksamkeit,** erledigt – die Reduktion der gigantischen Datenfülle, die sich aus zwei höchst unterschiedlichen Größenordnungen ergeben: Die Sinne liefern elf Millionen bit pro Sekunde, das Bewusstsein hat aber nur Platz für maximal 40! Die Routinewahrnehmungen werden im Blitztempo abgearbeitet, die wichtigere „Reiz-Post" (programmierte Vorlieben, Überraschungen, Neuigkeiten etc.) kommt eine Etage höher.
- Auf der nächsten Stufe nimmt sich die Aufmerksamkeit der zwar gründlich vorselektierten, aber immer noch reichlichen Informationen im Stil eines geforderten Managers an – sie überfliegt das Dargebotene. Daher spricht man auch treffend von **schwebender Aufmerksamkeit.** Der große Vorteil dieser Arbeitstechnik liegt auf der Hand. Das Spektrum wird breit, der „Chef" hat möglichst vieles im Blickfeld. Das Motto heißt Quantität statt Qualität.
- Wenn der geübte Blick in der Außenwelt Überraschendes, Aufregendes, Neues entdeckt oder auch, wenn im Inneren Emotionen und Empfindungen die Alarmschwelle überschreiten, verändert sich der Fokus von der leicht verschwommenen Breite auf ein enges, aber gestochen scharfes Feld. Die **„fokussierte Aufmerksamkeit"** tritt in Aktion, geht die Sache wesentlich genauer an. Sie setzt alle ihre begrenzten Ressourcen der Wahrnehmung ein, um sich dem Ob-

jekt der Erregung zu widmen, nimmt kaum oder gar nicht mehr wahr, was sonst noch passiert. Und das allenfalls über einen längeren Zeitraum.

Diese vielen Vorentscheidungen und Entscheidungen eines schwer geforderten Systems können nur gelingen, wenn es nach klaren Prinzipien funktioniert. Sie zu kennen, kann für alle, die mit der Aufmerksamkeit gut zusammenarbeiten wollen, eine wertvolle Hilfe sein. In der Folge die wichtigsten davon zusammengefasst.

1. **Das Wettkampf-Prinzip.** Aufmerksamkeit, das ist harter Wettbewerb, es siegt im permanenten Match der Sinneskanäle der jeweils intensivste Reiz – in Form von Beachtung. Aus alltäglicher Perspektive betrachtet: In der Reizflut von Motorenlärm, Scheinwerferlicht und Auspuffgestank gelingt es nur noch der penetranten Hupe, sich Aufmerksamkeit zu verschaffen. Ihr alles überragendes, unangenehmes Geräusch bekommt sozusagen den Zuschlag. Was schon viel Unheil verhindert hat. Intensität ist auch für alle anderen Sinne Trumpf. Es kann im Wettkampf um die Wahrnehmung der heftige Geruch, das grelle (Blitz-)Licht und die Geschwindigkeit der Bewegung siegen. Stark beeinflusst vom täglichen Ringen der Reizriesen ist mittlerweile auch unser Sprachgebrauch. „Groß" klingt mittlerweile ziemlich klein, unter mega, giga und **ultra** geht kaum noch etwas. Andererseits ist „klein" schon zu groß, nur mikro oder mini machen eher verständlich, um was es geht. Selbst „super" begeistert nicht mehr wie einst im Mai, es muss mindestens affengeil sein. Wenn es so weitergeht, könnte den Worten schon bald die Kraft ausgehen.

2. **Das Feuerwehr-Prinzip.** Wenn es brennt, ist für die Einsatzkräfte höchste Eile geboten, sie brauchen mit ihren Löschfahrzeugen den freien Weg zum Einsatzort. Mit einem Trick gelingt es ihnen – natürlich genauso wie den Kollegen von Polizei und Rettung

Blaulicht: alarmierendes Auf und Ab eines optischen Reizes

– die Kraft ihrer Hupen zu verdoppeln. Sie setzen auf die hohe Wirkung der so genannten **Diskontinuität,** also das Auf und Ab von Geräuschen und anderen Reizfaktoren. Nach gleichem Muster verschafft sich das drehende Blaulicht Aufmerksamkeit im Straßenverkehr, sind Sirenen, Alarmanlagen, Leuchttürme oder weißrote Bänder für Sicherheitsabsperrungen schwer überhörbar oder übersehbar.

3. **Das Regenbogen-Prinzip.** Ein prächtiges Naturschauspiel, das als Symbol der Faszination von Farben gilt. Ihr Zauber spielt im Ringen um Aufmerksamkeit eine wichtige Rolle. Das beginnt damit, dass Farbe in ihrer Wirkung dem Grauton überlegen ist, dass starke Töne die blassen schlagen und Buntheit dem Einfärbigen überlegen ist. Eine Art emotionale Kraft entfalten warme Farben (Gelb, Rot, Orange), eine davon, das Rot, hat die höchste Alarm- und Signalwirkung. Also nicht zufällig sind Feuerwehrautos und Verkehrszeichen rot. Doch gerade in so bunten Zeiten wie diesen gilt Vorsicht im Umgang mit **Farbe.** Erstens: Ein zu tiefer Griff in den Farbtopf, wie er heute nicht selten vorkommt, kann leicht kontraproduktiv werden – Aufmerksamkeit hat viel mit Ästhetik zu tun! Zweitens: Jeder Zehnte ist „farbenblind“, wie es im Volksmund heißt. Offiziell spricht man von Far-

benfehlsichtigkeit – meist handelt es sich um mehr oder minder stark ausgeprägte Probleme bei der Unterscheidung von Rot und Grün. Kombinationen dieser beiden Farben (roter Buchstabe auf grünem Grund etwa) sind daher für viele nicht erkennbar. Drittens: Man kann auch ganz ohne Buntheit elegant auf die Überholspur der Aufmerksamkeit gehen.

4. **Das Schwarze-Schaf-Prinzip.** Ein Blick auf die Schafherde und wir wissen, worauf es ankommt. Was schwarz aus der weißen Reihe tanzt, zeigt **Wirkung,** zieht alle Blicke auf sich. Eine ebenso einfache, wie starke und bisweilen diskriminierende Regel – dann, wenn es um Hautfarben und Andersartigkeiten von Menschen geht. In früheren Zeiten hat man damit gute Geschäfte gemacht, in dem kleinwüchsige, übergroße oder sonst ungewöhnliche Menschen gegen Bezahlung zur Schau gestellt wurden. Das schwarze Schaf grast auch quer durch unser Leben. In einer lauten Runde fällt sogar der Leise auf. In einem bunten Umfeld sticht plötzlich die graue Maus ins Auge. Und wenn sich alles bewegt, ragt förmlich der heraus, der steht. Die Aufmerksamkeit entwickelt kriminalistischen Spürsinn, sie betrachtet das Verlassen der Norm als verdächtig.

Das schwarze Schaf zieht alle Blicke auf sich

Ein Klassiker – die lila Kuh bricht mit einer gespeicherten Hypothese

5. **Das Lila-Kuh-Prinzip.** Einst glaubten wir im TV-Werbeblock unseren Augen nicht zu trauen, mittlerweile denken tausende urbane Kinder, dass Kühe wirklich lila sind. Die Schokoladenverkäufer haben zu einem der wirksamsten Mittel für höchste Erregung der Aufmerksamkeit gegriffen und damit einen Klassiker geschaffen. Das Geheimnis dieses Effekts ist bekannt: Besonders kräftig läuten die inneren Alarmglocken, wenn sich ein merkwürdiges Objekt beim Datenabgleich mit dem Gedächtnis als geradezu provokante Fälschung herausstellt. In der Fachwelt ist vom Bruch gespeicherter **Hypothesen** die Rede. Zurück zu den Kühen. In unseren Köpfen sind sie – trotz Werbung hoffentlich noch mehrheitlich – braun eingespeichert. Ungereimtheiten wie diese sind der Stoff, auf den die Fahndungsabteilung im Kopf blitzartig „anspringt“. Sie würde auch bei blauen Wiesen, gelben Lippen und roten Zitronen nie und nimmer achtlos vorbeigehen können.

6. **Das Wunschlisten-Prinzip.** Die Aufmerksamkeit ist teilweise individuell programmierbar. An anderer Stelle haben wir davon gesprochen, dass **Pessimisten** leichter das Negative entdecken und **Optimisten** öfter mit einer erfreulichen Welt konfrontiert sind. Ähnlich verhält es sich mit allen Objekten mensch-

licher Leidenschaften. Alles, was uns aus welchen Gründen auch immer wichtig ist, steht ganz oben auf den Fahndungslisten der Sinnesdetektei und wird von allen Sinnen heftig gesucht. Autofreaks sehen eine Welt, die vorwiegend aus Autos besteht, Kriminalisten sind vom Bösen umzingelt und so weiter. So kommt es, dass durch einen regen Kreislauf der Selbstbestätigung der Mensch zunehmend von seinem persönlichen Wunsch-Weltbild geprägt wird. Und dass es bekannterweise so unglaublich schwer ist, gegen Vorurteile anzukämpfen. Die Aufmerksamkeit besorgt uns alle gewünschten Indizien auf dem laufenden Band.

7. **Das Eisenbahn-Prinzip.** Im dicht besiedelten Europa wohnen tausende Menschen entlang von Bahnstrecken und können ihren vom Lärm verschreckten Besuchern glaubhaft machen, dass sie die vorbeidonnernden Züge gar nicht mehr oder kaum noch wahrnehmen. Eine segensreiche und logische Einrichtung der Aufmerksamkeit. Auch noch so starke Reize, die sich oft und ohne gefährliche Folgen wiederholen, werden als unbedeutende Routinewahrnehmungen ins Unterbewusstsein verlagert. Wir erleben das auch bei starken Gerüchen, die schon nach wenigen Minuten nicht mehr bewusst wahrge-

Gewöhnung lässt den Lärm von der Schiene im Unterbewusstsein versinken nommen werden, weil sie kein Thema mehr für die Alarmanlage im Gehirn sind. Es gibt freilich durch die Brille der Werbung noch eine andere Sichtweise. Was einmal und vielleicht gerade noch ein zweites Mal spektakulär wirkt, aufregt und sehr interessiert, wird beim dritten Mal bereits zum alten Hut. Die **Gewöhnung** ist der Sand im Getriebe einer sensationsgierigen Zeit, sie lässt die Ausnahme blitzschnell zur Regel werden. Sie trägt dazu bei, dass in der Aufmerksamkeitskultur selbst für bewährte Inhalte pausenlos nach einer neuen Verpackung gesucht wird.

8. **Das Pole-Position-Prinzip.** Die besten Startplätze sind nicht nur in der Formel 1, sondern auch im Grand Prix um die Aufmerksamkeit gefragt. Es geht darum, auf den Bühnen des täglichen Lebens gut sichtbar, leicht erreichbar und perfekt inszeniert zu sein. Was hilft das tollste Angebot, wenn es das Auge nur sehr schwierig wahrnehmen kann? Viel zu diesem Thema erfahren wir im **Supermarkt.** Am besten „läuft" Ware, die in Augenhöhe angeboten wird, was im Regal tiefer liegt, hinkt hinten nach. In Hüfthöhe stürzen die Umsätze schon auf 70 und in Kniehöhe gar auf 30 Prozent ab. Die zweite Zone höchster Konsumenten-Aufmerksamkeit ist der Kassenbereich. Dort wird bis zu zehn Mal mehr verkauft als in anderen Bereichen! Die so genannte „Quengel-Ware"; Süßigkeiten, die Kinder ihren Eltern in der Warteschlange abringen. Unternehmer wissen, warum sie mit ihren Geschäften in die teure Bestlage gehen – dorthin, wo die meisten Menschen unterwegs sind. Botschaften aller Art sind dort am besten aufgehoben, wo es noch Zeit gibt, sie auch zu registrieren. Als „Bestlagen" dieser Art gelten die Zonen rechts und links vor den Kassenzonen oder Wartezimmer. Dort werden manche Plakate an den Wänden fast auswendig gelernt, die sonst keinen Funken Hoffnung auf Aufmerksamkeit hätten.

9. **Das Ur-Prinzip.** Der moderne Mensch trägt in seinen Genen die Geschichte der ganzen Menschheit mit sich herum. Er verhält sich unter fast überzivilisierten Bedingungen immer noch wie einst im **Urwald,** weil seine Aufmerksamkeit zu einem erheblichen Teil von angeborenen Auslöserreizen geprägt ist. Allerdings bewährt sich vieles davon unter ganz anderen Voraussetzungen, wie die folgenden Beispiele belegen:

- **Bewegung** rangiert ganz oben in der Alarmskala. Und das aus zwei Gründen. Sie könnte einerseits in Form eines Raubtieres lebensbedrohend, anderenfalls für den Jäger verlockende Beute sein. Auch unsere Zeit hat gefährliche „Raubtiere" – **Fahrzeuge**, die mit einem Höllentempo daherkommen. Vor ihnen muss man sich verdammt in Acht nehmen.
- **Erotik** ist der Aufmerksamkeitsfaktor schlechthin! Ein Thema, das bekanntlich in unterschiedlichen Heftigkeiten Massen ins Internet zieht, unzähligen Menschen den Schlaf raubt – weil sie nach Mitternacht vor dem TV-Gerät hocken bleiben –, jede Menge Spezialmedien füllt und auch sonst überall präsent ist. Ein Thema, für das im offiziellen Sprachgebrauch weitestgehend die Worte fehlen. Das macht es zusätzlich spannend. Außerdem geht es um allerhöchstes Interesse der Evolution – die Fortpflanzung und **Arterhaltung.** Einen so gewaltigen Windschatten will sich speziell die Werbung nicht entgehen lassen. Allerdings mit zweifelhaftem Erfolg. Schon wiederholt stellte sich heraus, dass Produkte neben spärlich bis gar nicht bekleideten weiblichen und männlichen Schönheiten „untergegangen" sind. Vor allem dann, wenn kein logischer Bezug zur beworbenen Ware existiert. In diesem Punkt haben Erzeuger und Anbieter von Unterwäsche alle werblichen Trümpfe in der Hand und nützen sie auch!

- **Mimik** – die leicht verständliche, weltweite Sprache der Gesichter – übt geradezu magische Anziehungskraft auf die Aufmerksamkeit aus. Sie ist ein Fenster der Gefühle, in dem vor allem die **Augen** dominieren. Wer freundlich und fest einen Blick erwidert, sammelt blitzschnell Punkte. Wer ihn abwendet, wirkt so, als hätte er etwas zu verbergen. Über Blicke entstehen die bisweilen lebenslangen Brücken von Mensch zu Mensch. Die Flirt-Profis glauben, dass ein mehr als drei Sekunden dauernder Blick Interesse signalisiert. Wer hingegen die Größe der Bewunderung mit mehreren Sekunden kundtun will, überzieht die zaghaften Vertraulichkeiten, wirkt plump und aufdringlich. Nur ein Beispiel von vielen, das zeigt, was so alles läuft von Antlitz zu Antlitz und von Auge zu Auge. Die perfekte Ausstattung macht klar, dass hier nichts dem Zufall überlassen wird. Von insgesamt 20 Muskeln des Gesichts sind 17 mit nichts anderem als mit Mimik beschäftigt! Das Gehirn hat dafür Vorkehrung getroffen und beschäftigt weite Teile der Neuronenlandschaft mit Erkennung und Deutung von Gesichtern. Es wird nach interessantem „Stoff“ gesucht. Und wieder einmal ist es die Werbung, die sich geschickt dieser Vorlieben bedient. Aus zahlreichen Broschüren und von einer Vielzahl an Plakatflächen lächeln hübsche, freundliche Gesichter. Meist sind deren Augen vertrauensvoll auf den Konsumenten gerichtet. Sie sagen: „Ich bin mir sicher, dass du kaufst!“ Ganz so falsch dürften sie nicht liegen.
- **Babyface** – eine Verzückung in der Menschen- und Tierwelt, der sich kaum jemand entziehen kann. Wie süß sind sie doch, die kleinen Menschenkinder! Und wie leiden Haustiere darunter, dass sie nicht ewig so niedlich aussehen können wie beim Kauf in der Tierhandlung. So landen sie dann nach der abgeebbten Liebe im Tierasyl.

Verhaltensforscher erklären das etwas trockener. Das so genannte **Kindchenschema** – rundes Kopfprofil, nach vorne gewölbte Stirn, große Augen – ist ein kraftvoller, positiver Reizfaktor für die Aufmerksamkeit. Hundebabys etwa sind die schärfste Konkurrenz der Partnervermittler. Mit einem drolligen Jungvierbeiner am Arm rücken die ärgsten Kommunikationsschwächlinge in den Mittelpunkt und könnten Dutzenden Menschen den ganzen Tag lang erzählen, wie alt der Kleine ist, was er am liebsten frisst und wie wenig er noch stubenrein ist. Auf Baby-Power setzt die ganze professionelle Kommunikationswelt. Die Medienmacher lassen sich diese Chance auf Publikumsinteresse in Form entzückender Fotos genauso wenig entgehen wie alle anderen.

10. **Das Vorrang-Prinzip.** Weil in den seltensten Fällen eines der genannten Prinzipien alleine für Aufmerksamkeit sorgt, gilt es zu beachten, dass manche von ihnen mehr Gewicht haben als andere. Ein konkretes Beispiel dafür: Gegen eine stattliche Menge großer, knallroter Punkte scheint rein theoretisch ein einziges, kleineres, graues Exemplar nicht die geringste Chance auf Aufmerksamkeit zu haben. Dafür stehen das Wettkampf- und das Farbprinzip. Dennoch siegt das laue Grau, weil die **Ausnahmekraft** – „Schwarzes Schaf" – Vorrang hat. Auch lauteste Geräusche, die jedes Reiz-Duell gewinnen müssten, verlieren – siehe das Eisenbahn-Prinzip – an Bedeutung, wenn sie zu oft zu hören sind.

Das ideale Revier, um alle genannten Prinzipien einmal kurz auf den Prüfstand zu stellen, ist zweifellos der Wald an Verkehrszeichen in unserem Straßenverkehr. Vom Konzept her passt zunächst einmal die häufig eingesetzte Alarmfarbe Rot. Und dann? Dann sieht es trostlos aus!

- Wie schon angedeutet und vielfach kritisiert, gibt es einen derart großen **Schilderwald,** dass auf weiten Stre-

Ein typisches Schicksal unserer Zeit – verirrt im Schilderwald

cken des Fahrens die Gewöhnung des Eisenbahn-Prinzips darüber fährt.

■ Verkehrszeichen haben heute im Regelfall – abgesehen von Autobahnen – etwa die gleiche **„Größe"** wie in der Pionierzeit des Automobils, als man gemächlich auf leeren Straßen tuckerte. In der turbulenten Reizvielfalt unserer Tage sind sie nach dem Wettkampf-Prinzip von ihrem optischen Gewicht her völlig chancenlos. Man entdeckt sie nicht mehr!

■ Viele Verkehrszeichen stehen nicht dort, wo man sie am besten sehen könnte, sondern wo gerade **Platz** ist. Ein Grund, warum nichtortskundige Autolenker in fremden Städten häufig heillos überfordert sind. Zum Nachteil der Verkehrssicherheit verstößt man gegen das Pole-Position-Prinzip.

■ Zwei einfache Möglichkeiten nach dem Feuerwehr-Prinzip (Diskontinuität) bleiben weitestgehend ungenützt. An neuralgischen Punkten könnten Verkehrszeichen durch blinkende **Lichter** zum Blickfang werden und insgesamt würde weißrote (Alarm-)Lackierung für die tragenden Säulen der Verkehrszeichen deren Effizienz erheblich verstärken.

Helle, bunte, duftende und andere Verführer

Sie werden es wahrscheinlich auch schon einige Male erlebt haben: So manche Anschaffung, die im Prospekt, in der Auslage oder der Vitrine einfach unwiderstehlich war, entpuppte sich dann unter herkömmlichen Verhältnissen in den eigenen vier Wänden als durchaus nett, aber nicht mehr als der ganz große Heuler. Zielsicher getroffen wurden Sie in diesem Fall von einigen der „Geheimwaffen", die immer öfter im Kampf um die Aufmerksamkeit eingesetzt werden. Das gewisse Produkt erstrahlte dramaturgisch perfekt inszeniert in einer raffinierten Lichtkomposition vor einem mitreißenden Hintergrund in einem bezaubernden Ambiente. Allenfalls schwebte die maßgeschneiderte Klangwolke im Raum und es kamen aus der Klimaanlage sogar die passenden Düfte dazu. Ja, mehr noch: Sie wurden nicht zufällig genau zu jener Tageszeit – am späten Nachmittag – eingeladen, in der Ihre Sinne in absoluter Bestform sind und all das noch viel stärker wahrnehmen können. Wer sollte dem entkommen?

Im Zeitalter der Aufmerksamkeitskultur, in dem oft selbst das Aufregende nicht mehr aufregend genug ist, werden alle Register gezogen. An vielen Fronten und in fast jeder Lebenslage bedient man sich am besten gleich mehrerer **„Booster"** – so werden in der Raumfahrt unterstützende Hilfsraketen genannt –, um das Schöne noch schöner, das Große noch größer und das Gute noch besser erscheinen zu lassen. Die stärksten Kooperationspartner

- Licht schenkt Lust, Laune und Leben
- Die Sprache der Farben
- Düfte für mehr Umsatz
- Die Geheimnisse der „inneren Uhr“

dabei sind die vom limbischen System – vorwiegend unbewusst – gesteuerten Gefühle, die sich gerne von Licht, Farben, Klängen und Düften verführen lassen. Schwer anfällig zeigen sich unsere Gefühle auch – wie wir aus Kino, Theater und anderen Beispielen wissen – für Dramaturgie. So nennt man bekanntlich die Kunst, Spannung zu erzeugen, zu erhalten und zu steigern. Die Moral von der Geschicht: Wer heute nicht im wahrsten Sinne des Wortes sang- und klanglos untergehen möchte, wird sich an den diversen Vorlieben der Gefühle nicht mehr vorbeischwindeln können.

Die Bedeutung dieses Themas kann jeder recht eindrucksvoll an einem einfachen Experiment entdecken:

1. Holen Sie ein zerknülltes Stück Papier aus dem Papierkorb und legen Sie es auf eine „ordnungsarme“, sprich unaufgeräumte Schreibtischfläche. Die Erkenntnis dieser „Inszenierung“: Nichts Aufregendes für das Auge.
2. Machen Sie nun Ordnung auf dem Schreibtisch und geben Sie das zerknüllte Papier auf denselben Platz wie zuvor. Und siehe da: Es erregt nach dem Prinzip des „Schwarzen Schafes“ bereits erhebliche Aufmerksamkeit. Aber noch lange nicht genug.
3. Nun platzieren Sie die „Beute“ aus dem Papierkorb auf einen knallroten Untergrund. Die Spannung steigt mit der Wirkung der Farbe.

ABENDSTIMMUNG AM MEER:
LICHT LÄSST KEINEN KALT

4. Verdunkeln Sie jetzt den Raum und leuchten Sie mit einer Taschenlampe – oder noch besser mit einem Scheinwerfer – auf das Objekt. Ein regelrechtes Kunstwerk ist entstanden.
5. Nun darf der Phantasie freier Lauf gelassen werden. So könnte alles mit einem noch wirkungsvolleren Ort der Altpapier-Präsentation noch erheblich attraktiver werden – vielleicht auf einem Podest in der Raummitte (Pole-Position-Prinzip) oder gar an einem unsichtbaren Nylonfaden im Raum als „zerknülltes UFO" schwebend (Lila-Kuh-Prinzip). Dann empfehlen sich geheimnisvolle Musikklänge im Hintergrund dazu. Und vielleicht auch noch die passenden Düfte. Wer dabei richtig in Schwung kommt, findet wohl noch die eine oder andere Idee, die ein weggeworfenes Papier zum zerknüllten Knüller macht.

Die Erkenntnis aus dem Experiment: Im „Doppel" sind die Prinzipien der Aufmerksamkeit und die Macht der Gefühle fast unschlagbar.

Es werde Licht! Es macht die Welt erst sichtbar, es schenkt uns Lust, Laune und Leben und spielt folglich die Hauptrolle auf dieser Welt. Oder besser gesagt, sollte sie spielen. Akuter Lichtmangel ist eines der großen und schwer unterschätzten Probleme unserer Zeit. Meisterhaft eingesetzt wird Licht vor allem im Film und auf

den Bühnen aller Art. Überall dort spricht es so etwas wie eine eigene Sprache der Gefühle und gibt Szenen fast unbemerkt ihre eigentliche Kraft, macht Situationen erst so richtig gefährlich, friedvoll oder heiter. Die hohe Schule der Beleuchtung setzt auf viele Techniken. Nur selten ist es die einfachste von allen, das frontal auf das Objekt gerichtete Vorderlicht. Nämlich deshalb, weil es kaum Schatten erkennen und daher alles ziemlich flach wirken lässt. Mehr Reiz hat da schon das Gegenlicht. Es blendet zwar, vermag aber Personen oder Dinge mit einem faszinierenden **Glorienschein** zu umgeben. Schon fast gruselig wird es, wenn das Licht von unten kommt und Menschen mit langen Schatten dämonisiert. Und aus zahllosen Szenen wissen wir, wie sehr uns pulsierende Lichtquellen in ihren Bann ziehen: Loderndes Lagerfeuer, drehendes Blaulicht von Einsatzfahrzeugen und geheimnisvoll suchende Lichtstrahlen. Licht lässt keinen kalt!

Dessen ist man sich auch auf den großen Bühnen der Einkaufserlebnisse bewusst geworden. Dort lenkt Licht längst die Kauflust und hat einen derart hohen Stellenwert, dass der Ausfall einer strategisch wichtigen Leuchte sofort die Umsätze abstürzen lässt. Licht übernimmt gleich mehrere wichtige Aufgaben:

- Es zieht nicht nur die Insekten an, sondern auch die Kundschaft. Helle Portale und Auslagen sind ein

Blickfang – erst recht, wenn das Auge von gut inszenierten „Lichtspielen" verführt wird.

- Es schafft Kaufklima. Preiswerte Massenware erkennt der Käufer nicht erst am Preisschild, sondern unbewusst bereits an der Kälte so genannter „tageslichtweißer" Lichtfarbe. Edles und Teureres wird in wohlig-verlockendes „Warmweiß" gehüllt.
- Die Prachtstücke des Sortiments müssen sich nicht allein mit der schnöden Allgemeinbeleuchtung zufrieden geben, sie kriegen nobles „Akzentlicht" verpasst und tanzen damit aus der Reihe. In der Hoffnung, dass die Kassa entsprechend klingelt.
- Mit Hilfe von Speziallampen werden nicht nur in den Modeabteilungen die jeweiligen Modefarben geboostet. In Lebensmittelmärkten erliegt man gerne der Versuchung, der von Mutter Natur gelieferten Mittelmäßigkeit etwas nachzuhelfen. In der Gemüseabteilung wird das Grün solcherart noch etwas grüner und die Zitrusfrüchte leuchten wie in der Mittagssonne in ihrem Heimatland.
- Starkes, helles Licht ist nicht nur für die Kundschaft, sondern auch für das Verkaufspersonal anregend. Doch Vorsicht: Kunstlicht jenseits von 1000 Lux kann auf Dauer „Lichtstress" erzeugen und ermüdend wirken!

Bunte Pracht. Licht tritt stets mit einem geradezu kongenialen Partner auf – der Farbe. Tageslicht etwa trägt viel Blau in sich, das Licht von Halogenglühlampen hingegen kommt mit seinem beträchtlichen Rotanteil dem Orange sehr nahe. Bisweilen wird mit Farbfiltern nachgeholfen, um eine bestimmte Stimmung zu zaubern, oder Lichtkegel richten ihren Fokus auf farbige Elemente und lassen sie so viel besser zur Geltung kommen.

Farbe – das ist die **Leidenschaft** schlechthin; und möglicherweise die bedeutsamste Nebensache der Welt. Man bedenke, dass sich Zigmillionen Menschen dieser Welt, die Mehrzahl davon weiblich, jährlich noch dazu mit offensichtlicher Begeisterung von den Modepäpsten

Die Buntheit
hat ein
fröhliches Wesen

die Farben ihrer Bekleidung vorschreiben lassen. Oder man blicke in die Fußballstadien rund um den Globus, die ganz im Banne einer geradezu fanatisch betriebenen Farbenlehre stehen. In der Heimatstadt des Autors sorgt Weniges für mehr Aufregung als das Aufeinandertreffen zwischen den Roten und den Schwarzweißen, den beiden großen Lokalrivalen. Und in der Politik nimmt sich kaum noch jemand die Mühe, die weitgehend sinnentleerten Allerweltsbezeichnungen der politischen Parteien auszusprechen. Man neigt zu den Roten, Schwarzen, Blauen oder Grünen. Tests von Medien haben immer wieder bewiesen, dass selbst ranghohe Funktionäre gewisser Parteien die Farbe, an die sie glauben, gar nicht mehr erklären können.

Die Vielfalt der Farben, mit denen wir heutzutage leben, ist – was viele gar nicht mehr wissen – ein Kind der Neuzeit. Bevor es in der zweiten Hälfte des 19. Jahrhunderts möglich geworden ist, die geheimen Künste der Färber durch die moderne Schule der Chemie zu ersetzen, waren gewisse Farben so teuer, dass sie nur dem Hochadel vorbehalten blieben. Das kostbare **Purpur**(rot) ging als die Bekleidungsfarbe der Könige in die Geschichte ein und wurde erst 1871 entzaubert, als es die Badische Anilin- und Sodafabrik (BASF) mit der Herstellung von synthetischem Rot schaffte, den einstigen Luxus für alle erschwinglich zu machen.

Farben sind weltweit zu Schlüsselbegriffen einer Symbolsprache geworden, die sich allerdings von Kultur zu Kultur grundlegend unterscheidet. Das beginnt bei der bekannten Tatsache, dass – vorwiegend von Religionen geprägt – die Trauerfarbe Schwarz wie hierzulande, aber auch Weiß sein kann. Wer bei uns „blau“ ist, hat zu viel dem Alkohol zugesprochen, ein vom „Blues“ befallener Brite hingegen leidet an Melancholie. Wobei bemerkenswert ist, dass sich farbliche Traditionen recht rasch ändern können. Für die Bräute der Gegenwart ist das weiße Kleid der Inbegriff der Hochzeitsfreude. Noch bis zum Ende des 19. Jahrhunderts haben die Damen in langen schwarzen Gewändern ihr „Ja“-Wort gegeben.

> „Farben haben eine nachweisliche Wirkung auf den, der sie wahrnimmt“

Es gibt also nicht den geringsten Zweifel, dass die Buntheit ein ganz entscheidendes Element unseres Daseins geworden ist. Farben haben eine nachweisliche Wirkung auf den, der sie wahrnimmt, und lösen entsprechende (vorwiegend unbewusste) Reaktionen aus. Was die Sache ziemlich schwierig macht: Nicht alle Farben bewirken bei allen Menschen die gleichen Emotionen. Jeder lässt sich von seinen eigenen Erfahrungen und Erlebnissen im Umgang mit ihnen prägen. Wer seine ersten Rendezvous mit dem späteren Lebenspartner beispielsweise stets auf einer braunen Ledergarnitur hatte, wird Braun vielleicht weniger schlimm finden als die meisten Menschen. Es entpuppte sich bei der großen Farbumfrage der Soziologin und Psychologin Eva Heller als die mit Abstand unbeliebteste Farbe. Gefolgt übrigens von Orange und Violett.

Immer mehr Stimmungs- und Meinungsmacher aus allen Branchen setzen auf den Faktor Farbe, um für ihre Produkte und Anliegen Aufmerksamkeit zu erzeugen. Auch auf das erwähnte Risiko hin, dass die bunte Botschaft bei einigen Menschen in eine ganz andere Richtung geht. In der Mehrzahl der Fälle scheint sie allerdings zu passen.

Hier einige der wichtigsten Effekte:

- **Rot:** Die Assoziationen führen zu Feuer, Blut, Liebe und Leidenschaft. Entsprechend wird der Farbe, zu der sich besonders viele Menschen hingezogen fühlen, stimulierende Kraft nachgesagt. Wohl auch deshalb bedient sich ihrer das Rotlicht-Milieu. Manche Leute halten – allen möglichen Missverständnissen zum Trotz – ihre Arbeits- oder Fitnessräume in Rottönen. Nicht zufällig ist Rot die Alarmfarbe, wie wir nicht nur von Ampeln, Verkehrszeichen und Feuerwehrautos wissen. Doch Vorsicht! Rot leidet nicht nur an Gewöhnungseffekten, weil es allzu häufig verwendet wird, es ist bei vielen Menschen von negativen Erinnerungen an die Schulzeit belastet – einst wütete bei ihnen der Rotstift.
- **Orange:** Eine Farbe, deren Beliebtheit sich schwer in Grenzen hält. Umso bemerkenswerter, dass immer mehr gute Restaurants und Gaststätten durchaus erfolgreich ihre Gäste mit orangefärbigen Wänden beglücken. Des Rätsels Lösung: Orange weckt Heiterkeit, Lebensfreude, Geselligkeit und Vergnügen. Wäre ja gelacht, wenn diese einfache Hilfe für die allgemeine Fröhlichkeit nicht nützt.
- **Gelb:** Ein regelrechtes Kraftwerk – die Filiale der Sonne in der Palette! **Die** Farbe der Kommunikation, der Freundlichkeit, Heiterkeit, der positiven Lebenseinstellung – und der Aufmerksamkeit. Wenn es um optimale Fernwirkung im Interesse der Sicherheit geht, ist Gelb unverzichtbar. Schwarze Schrift auf gelbem Untergrund warnt wie keine andere Farbkombination.
- **Grün:** Angeblich sieht es giftig aus – diese Fehlinterpretation geht auf jene Zeit zurück, in der die Färber

dafür noch Arsen verwenden mussten. Heute wird Grün eher beruhigende und entspannende Wirkung zugeschrieben – vielleicht auch deshalb, weil Grün für uns zur Symbolfarbe der Natur geworden ist. Eine klare Vorliebe zeigt auch das menschliche Auge. Seine Empfindlichkeit für Grün ist am größten. Vielleicht, weil es mit Neid und Eifersucht in Zusammenhang gebracht wird.

- **Blau:** Die Kälte selbst – und bei allem Frösteln dennoch laut Umfrage die beliebteste aller Farben. Das hängt wohl damit zusammen, dass die kühlende Erfrischung, wie wir wissen, ja ihre schönen Seiten hat – vor allem in der heißen Jahreszeit. Außerdem gelten „coole" Menschen als klug und willensstark. Schließlich steht Blau für die Freiheit des Himmels und die Kostbarkeit des Wassers.
- **Weiß:** Wir zweifeln daran, ob es überhaupt eine Farbe ist – und kaufen Modisches und Sonstiges in Naturweiß, Perlweiß oder Reinweiß. Jenseits der textilen Welt verbindet man damit Reinheit, Unschuld und Vollkommenheit. Der wahre Reiz liegt aber im Kontrast. Was wäre denn Schwarz ohne Weiß? Noch eine Tücke: Sensible Augen werden von allzu reinem Weiß, etwa als Hintergrund einer schwarzen Schrift auf Hochglanzpapier, leicht geblendet.
- **Schwarz:** Als Farbe der Trauer mit schmerzhaften Emotionen verbunden. Dennoch seit eh und je die Lieblingsfarbe der Modemacher und Designer. Wohl weil sich das Auge so ganz auf die Elegance der Linienführungen konzentrieren kann. Schwarz macht Edles noch edler, wie unter anderen Autohändler erzählen können: In keiner anderen Farbe werden so viele Luxuskarossen verkauft. Nur Silber kann mithalten. Andererseits klingt viel Negatives durch. Schwarzarbeit, Schwarzseher und Schwarzmaler sind uns ein Begriff. Und noch etwas: Schwarz tapezierte Räume wirken nicht nur dunkel, sondern auch kleiner. Ein Geheimtipp für Tiefstapler.

Kleider machen Leute – wer Eindruck schinden will, setzt auf starke Kontraste

Die „Farbenlehre" führt bei Menschen, die nichts dem Zufall überlassen wollen, mittlerweile auch Regie im **Kleiderkasten.** Ihr Motto: Nicht nur Kleider, sondern auch deren Farben machen Leute. Wer Eindruck schinden will, setzt auf starke Kontraste: Bei Herren strahlt der schwarze Anzug mit dem weißen Hemd Kompetenz und Autorität aus, bei Damen das „kleine Schwarze" mit weißem Schal. Ein Rettungsanker für jene Menschen, die von den genannten Tugenden zu wenig haben. Es besteht jedoch ein erhebliches Imagerisiko für Kompetenz- und Autoritätsgrößen, die sich regelmäßig in der Garderobe vertun.

Wer nicht ganz so dick auftragen will, nützt das ebenso noble, aber nicht ganz so elegante Dunkelblau. Solcherart wirkt ein (vielleicht zu) bedeutsamer Mensch etwas zugänglicher. Damen greifen bei passenden Anlässen gerne zur hellblauen Sachlichkeit auf der Kleiderstange. Wer ein Konfliktgespräch führen muss, könnte hellgrün gekleidet ein wenig beruhigender wirken oder mit Rottönen noch emotioneller in Erscheinung treten.

Wenn es um die richtige Dosis an Aufmerksamkeit geht, empfiehlt sich auch die sorgfältige Auswahl von Acces-

Frauen haben den besseren Geruchssinn

soires. Eine etwas mutigere Krawatte oder ein keckes Tuch kann ihren Trägern die gewisse besondere Note geben. Zu viel der Buntheit wirkt geschmacklos und lenkt ab. Vor allem die, die sich in diesem Fall hinter vorgehaltener Hand einiges zu sagen haben.

Welch ein Duft! Vor rund sieben Jahrtausenden entdeckte der Mensch die Vorläufer dessen, was heute als Parfum oder sonstiger Nasenbetörer Milliarden von Zeitgenossen dazu bringt, dafür tief in die Taschen zu greifen. Seit damals geht es oft auch unausgesprochen um die entscheidende Frage der Wirkung auf das andere Geschlecht. Macht die richtige Duftnote die Trägerin oder den Träger tatsächlich unwiderstehlich? Die Indizien dafür kommen vorwiegend aus dem Tierreich, wo die arterhaltenden Romanzen tatsächlich sehr oft über die Nase laufen. Beim Menschen schürt vor allem die Werbung sehr geschickt den Verdacht, dass auch Homo sapiens bei der Partnerwahl der Nase nachgeht. Die Wissenschaft konnte Derartiges bislang noch nicht belegen.

Dennoch spielt der menschliche **Geruchssinn** wahrscheinlich eine weit wichtigere Rolle als bislang angenommen. Die drei Millionen Riechsinnzellen im oberen Teil der Nasenhöhle können immerhin bis zu 10.000 Düfte unterscheiden und haben einen ungewöhnlich direkten Draht in die mächtige Gefühlszentrale des Menschen, das limbische System. Dort ist ihr Einfluss besonders groß – die Erinnerungen an Gerüche werden länger als jene an Bilder und Töne gespeichert. Die herrlichen Düfte aus Großmutters Küche oder den merkwürdigen Geruch des Schulhauses wird so mancher sein ganzes Leben lang nicht los.

Der bei Frauen übrigens häufig besser ausgeprägte, Geruchssinn hat es heutzutage, wie auch seine anderen vier Sinneskollegen, nicht gerade leicht. Ihm machen der Gestank der Straße und andere Umwelteinflüsse zu schaffen – vor allem aber leidet er unter dem Rauch von Zigaretten, dem so viele Menschen verfallen sind. Rauchern sind nur noch eingeschränkte **Dufterlebnisse** beschert. Dennoch leuchtet ihnen ein Hoffnungsschimmer, der Motivation sein könnte, sich von der Glimmstängel-Abhängigkeit loszusagen. Die Zellen der Riechsinne haben im Gegensatz zu anderen ihrer Art die Kraft, sich wieder zu regenerieren.

Im Kampf um Aufmerksamkeit sind für die Marketing-, Werbe- und Erlebniswelten die Duftspuren besonders heiß. Es wird unter dem steigenden Druck der Reizüberflutung an mehreren Fronten heftig daran gearbeitet, diese bislang weitestgehend ungenutzte Dimension zur Kundeneroberung zu erschließen. Und es scheint so, als würde – wie so oft am Markt der Gefühle – wieder einmal das Kino im wahrsten Sinne des Wortes die Nase vorn haben. Schon wiederholt gab es Versuche, Leinwandszenen mit den passenden Gerüchen zu unterlegen. Ein wichtiger Schritt dazu könnte mit der Entwicklung eines Unternehmens aus München gelungen sein, dessen mit einem Halsband getragener „Sniffman" funkgesteuert im jeweils richtigen Augenblick aus einem Repertoire von bis zu 64 Düften den jeweils richtigen mikrodosiert loslassen kann. So weht dem Besucher des Duftkinos und vielleicht eines Tages auch dem **„Fernriecher"** vor dem häuslichen Flimmerkasten bei einem Schusswechsel im Krimi „echter" Pulverdampf um die Nase.

Ganz konkret sind die Beweise dafür, dass Düfte Umsätze ankurbeln können. Für wissenschaftliche Rückendeckung in diesem Bereich sorgt Anja Stöhr, Professorin an der Hochschule für Technik und Wirtschaft in Dresden. Sie kam in einer weit reichenden Studie zur Ansicht, dass „**Air-Design** als Erfolgsfaktor im Handel" – so ihr Buchtitel – gelten kann. Im Klartext: In sorgsam und wohldosiert mit der richtigen Note bedufteten Räumen halten sich Kunden nicht nur erheblich länger auf, sondern lassen auch die Umsätze um fünf bis sechs Prozent ansteigen.

Mittlerweile gibt es schon zahlreiche Anbieter, die in Einkaufstempeln aller Art dem Verkaufspersonal entweder über Klimaanlagen oder diverse andere Gerätschaften Duft-Hilfe anbieten. Nur selten kann sie das Bewusstsein der Kunde überhaupt wahrnehmen, weil man in dieser Sache gezielt die Partnerschaft mit dem Unterbewusstsein sucht. Bisweilen ist es der Käuferin oder dem Käufer vergönnt, im Reisebüro eine synthetische Meeresbrise einzuatmen. Da fackelt man nicht ganz so lange und bucht sehnsüchtig.

Auch an anderen Fronten wird inzwischen eifrig geduftet. An stressigen Orten kriegt Lavendel den Auftrag zu beruhigen und zu entspannen und schlaue Seminaranbieter vertrauen darauf, dass Rosmarin Aufmerksamkeit und Konzentration fördert.

Es gibt wenig Zweifel daran, dass dem Werben um die Gunst der Nasen auch jenseits der Parfümerien eine große Zukunft beschert sein dürfte. Nicht nur, weil es offensichtlich die Kassen klingeln lässt, sondern weil es sinnlichen Trost in einer Zeit anbietet, in der (zu) vieles im Auspuffnebel versinkt.

Die Klangwelt. Viele Stunden am Tag lassen sich zahllose Menschen von jener faszinierenden Kombination aus Klängen und Rhythmen berieseln, die wir Musik nennen. Mit schier grenzenloser Begeisterung sind sie jenen zugetan, die in ihnen mit ihren Lieblingsstücken ein regelrechtes Feuerwerk der Gefühle auslösen – den Stars in allen Spielarten dieses Metiers. Vor allem die Größen der weltweit tätigen Pop-Musik stehen im Mittelpunkt eines Star-Kultes, der sich an den Grenzen des Unglaub-

Die richtige Stimmung kommt mit Pauken und Trompeten

lichen bewegt. Wenn einer aus dieser internationalen Oberliga der hoch profitablen Bewunderungswirtschaft in Fußballstadien, auf Flugplätzen oder an sonstigen für Massenbesuch geeigneten Orten loslegt, fallen nicht nur Teenager in Ohnmacht. Auch deren Großeltern lassen noch einmal ihren Emotionen freien Lauf. Diese und andere Wirkungen von Musik sind uns bekannt und es kommt daher nicht überraschend, dass die Klänge und Rhythmen in jenen Bereichen des Gehirnes verarbeitet werden, wo der Mensch auch seine Gefühle verwaltet: im mächtigen limbischen System.

Es findet sich kaum jemand, der nicht selbst – und sei es nur mit dem leisen Summen eines Liedes – Musik betreibt. Und doch bleibt Musik in einem gewissen Sinne rätselhaft. Eigentlich sind Melodien so etwas wie klingende Mathematik, deren Schallwellen in den Ohren von nur 5000 so genannter Haarsinneszellen in elektrische Impulse umgewandelt werden, die uns letztlich wohlige Schauer über den Rücken laufen lassen oder gar Tränen in die Augen treiben. Leo Tolstoi nannte Musik daher treffend eine **„Kurzschrift des Gefühls“**. Sie wird trotz erheblicher kultureller Unterschiede im Umgang mit Musik weltweit verstanden.

Diese „Kurzschrift“ spielt seit eh und je eine Schlüsselrolle, wenn es um die Dramaturgie großer Augenblicke geht. Die Mächtigen dieser Welt ließen sich immer schon gerne von Fanfarenklängen und Trommelwirbeln ankündigen und in großen Momenten wird rund um den Erdball die jeweilige Landeshymne intoniert. Mit schmissiger Marschmusik zogen Feldherren in Kriege und mit berührenden Tönen wird meist von Menschen Abschied genommen. Moderne Musikpaläste sind die dominanten Stätten der heutigen Partnerschaftsvermittlung. In einer eiligen Zeit, in der man sich in der allgemeinen Sprachlosigkeit nicht mehr so viel zu sagen hat, vertraut nicht nur die junge Generation auf die „Kurzschrift" der Musik, die als Grundlage für ein Balzritual dient. Beiderlei Geschlecht bewegt sich zu Klängen und Rhythmen abwechselnd ekstatisch und anschmiegsam. Kurze Verschnaufpausen werden für betörende Blicke genutzt. Besonders eindrucksvoll zeigt die Tonkunst im Kino, welche Hauptrolle sie für die menschlichen Gefühle spielt. Selbst die aufregendsten Filmszenen lösen erst mit der richtigen melodischen Dramaturgie im Hintergrund jenes Beben aus, das sie für einen „Oscar" verdächtig macht. Und die wahre Meisterschaft liegt darin, dass diese Suggestion eines gewünschten Gefühlszustandes vom faszinierten Schauer bewusst kaum wahrgenommen wird.

„Es gibt deutliche Hinweise darauf, dass schöne Töne, vor allem aber Rhythmen beim Menschen noch weit mehr auslösen können"

Einer solchen Versuchung erliegt natürlich auch die Konsumwelt, die längst ebenfalls der atmosphärischen Kraft von Klangwolken in Verkaufsräumen vertraut. Die kühnen Hoffnungen von unterschwelligen **Kauflustmelodien,** die in den Hitparaden der Umsatzzahlen mithalten können, sind bislang allerdings unerfüllt geblieben.

Es gibt deutliche Hinweise darauf, dass schöne Töne, vor allem aber Rhythmen beim Menschen noch weit mehr auslösen können. Nach derzeitigem Stand des Wissens dürfte es eine spannende Beziehung zwischen Musik und den zahlreichen biologischen Rhythmen des Menschen geben, die von den Frequenzen im Nervensystem bis zu Pulsschlag und Atmung reichen. Wissenschaftler wollen sogar festgestellt haben, dass in den rhythmischen Systemen des Menschen eine ähnliche Organisation zum Tragen komme wie in einem Orchester.

Es mangelt auch nicht an Indizien für therapeutische Erfolge. In einem viel versprechenden Experiment wurden Kinder, die unter ADHS (Aufmerksamkeitsdefizit- und Hyperaktivitätssyndrom) leiden, gezielt mit Mozart-Klängen bespielt – und zeigten höchst erfreuliche positive Wirkungen. Ihre Impulsivität verringerte sich deutlich und ihre soziale Anpassungsfähigkeit nahm zu. Der geschilderte Effekt hielt auch ohne „Mozart-Therapie" über mehrere Monate an. Die Erklärung für dieses Phänomen: Die häufig bei ADHS-Kindern gestörten Theta-Wellen des Gehirns passten sich den Rhythmen der Musik an.

Einige Pädagogen vertrauen der Musik mittlerweile als Lernhilfe. Barocke und andere schöne Klänge beflügeln offenbar unter anderem über die Schläfenlappen des Gehirns die Wahrnehmungsqualität.

Die innere Uhr. Noch ein Rhythmus prägt die Beziehungen der Menschen untereinander und zu ihrer Umwelt in einem weit unterschätzten Maße und hat gerade für die Aufmerksamkeit höchste Relevanz – unsere „innere Uhr". Sie tickt nicht spürbar, aber sie hat uns fest im Griff. Das erkennen wir beispielsweise an den Folgen des „Jetlags", der durch den Wechsel von Zeitzonen bei weiteren Flugreisen entsteht. Oder an jener bleiernen Müdigkeit, die viele nach dem Mittagessen befällt – der Körper verlangt einen Mittagsschlaf und bekommt ihn nicht. Übrigens einer der ganz großen Fehler des heutigen Hochleistungskultes! Schlafforscher sind überzeugt, dass bereits ein kurzes Nickerchen die Leistungskraft am Nachmittag um rund 30 Prozent anheben kann. Nicht der einzige gravierende Fehler im Umgang mit der so genannten Chronobiologie.

Für die meisten Zeitgenossen gilt etwa folgender Stundenplan – natürlich mit teilweise erheblichen individuellen Abweichungen.

6.00 Uhr. Die Startphase für einen langen, anstrengenden Tag. Der Körper verlangt vor allem eines – Nahrung. Die dürfen wir auch wirklich genießen, denn sie wird rasch in Energie und nicht in Fett umgewandelt.

7.00 Uhr. Welch eine Organisationspanne! Ausgerechnet in der morgendlichen Hektik werden vermehrt Sexualhormone produziert. Zumindest an Sonn- und Feiertagen sollte man daran denken.

8.00 Uhr. Ein Moment, in dem sich die **„Lerchen"**, wie in der „Chronotypologie" die Frühaufsteher genannt werden, mit Feuereifer ins Gefecht stürzen. Die **„Eulen"**, die Spezies der Spätaufsteher, haben damit noch ihre liebe Not. Das hat die Erfindung der Gleitzeit erfreulicherweise schon ziemlich abgefedert. Allerdings dort nicht, wo das Problem am größten ist – in den Schulen. Junge Menschen, vor allem im Alter der Pubertät, sind meistens zu den „Eulen" zu zählen. Folglich beginnt der Bildungstag in unseren Breiten, wie unter Experten längst bekannt ist, (speziell im Winter) um eine halbe bis ganze Stunde zu früh. Um diese Zeit müssen aber auch Chefs, die zum „Morgenappell" bitten, oder Referenten, die auf die Morgenfrische ihrer Zuhörer setzen, mit herben Enttäuschungen rechnen. Sie bekommen nur die halbe Aufmerksamkeit. Erst recht am Montagmorgen, wenn die inneren Uhren nach den langen Nächten des Wochenendes Verspätung haben – was man unter der Bezeichnung „blauer Montag" kennt.

9.00 Uhr. Eine schwierige Phase in kühlen bis kalten Jahreszeiten, zumal da die Kälteempfindlichkeit größer ist als sonst und die Immunabwehr noch nicht richtig in Stellung ist.

10.00 Uhr. Die helle Freude für Vortragende aller Art – da wird wirklich noch zugehört. Zumindest von recht vielen. Der ideale Augenblick für Schularbeiten, Prüfungen, wichtige Bewerbungsgespräche und Herausforderungen aller Art.

12.00 Uhr. Ein intensiver Vormittag fordert Tribut. Eine Maschine, die auf Hochtouren gefahren ist, braucht Treibstoff. Hunger macht sich bemerkbar.

13.00 Uhr. Nach dem Mittagessen ist die Aufmerksamkeit auf dem Tiefpunkt! Das Gehirn schüttet Melatonin aus und macht damit ganz deutlich: Es will unbedingt einen Mittagsschlaf. Schade, dass es ihn – wie schon gesagt – so selten bekommt.

15.00 Uhr. Das Geheimnis, warum die Kenner der „inneren Uhr“ um diese Zeit ihre Zahnarzttermine vereinbaren – die Empfindlichkeit für Schmerzen ist bis zu einem Drittel geringer. Schuld daran sind die reichlich ausgeschütteten Endorphine, die als Glückshormone bekannt sind.

16.00 Uhr. Der ideale Moment, um den Körper so richtig zu fordern, sei es für Sport oder auch Schwerarbeit. Herz und Lunge sind besonders gut in Form, es sieht nach persönlicher Bestleistung aus.

17.00 Uhr. Die starke Stunde der Sinne, die Festspiele des Hörens, Riechens, Schmeckens und Fühlens. Eine gute Phase für Einkäufe der etwas leidenschaftlicheren Art. Und wieder ein Problem mit den geltenden Spielregeln. Jetzt und nicht erst in den Abendstunden sollte man mit der Dame bzw. dem Herrn des Herzens bei guter Musik in wohl duftender Umgebung tafeln.

19.00 Uhr. Blutdruck und Puls sind auf Talfahrt, auch der Stressspiegel fällt, es kommt Harmoniebedürfnis auf. Der förmlich maßgeschneiderte Augenblick, um in der Beziehung heiße Eisen anzupacken, um Konflikte zu lösen und Friedensverhandlungen zu führen.

20.00 Uhr. Die Körperfunktionen schalten auf Ruhebetrieb. Das gilt auch für den Magen. So spätes Essen bekommt nicht mehr.

23.00 Uhr. Gute Nacht! Für die meisten so etwas wie der letzte Aufruf zum Abflug ins Träumeland.

In den „Werkstätten" der Profis

Wer wild entschlossen ist, entweder für sich selbst als Person oder für sein Unternehmen, Produkte und Themen (mehr) Aufmerksamkeit zu erobern, kommt nicht umhin, sich mit den bunten Welten der Medien und der Werbung sowie mit der hohen Schule der Rhetorik zu beschäftigen. Es geht sowohl um Orientierung in diesen wichtigen und weiten Feldern der Kommunikation als auch um die Erfahrungsschätze aus den „Werkstätten" der Profis, die selbst in reizüberfluteten Zeiten wie diesen die Menschen noch erfolgreich zum Hören, Schauen und Lesen bringen.

Die Story macht's! Als zentrale Einrichtungen der Aufmerksamkeitskultur muss man vor allem die Medien aller Art betrachten, die über ihre Mitarbeiterinnen und Mitarbeiter darüber bestimmen, welche Informationen das Prädikat „Story" (oder schlicht „Geschichte") bekommen und schließlich im Idealfall sogar als Schlagzeilen Karriere machen dürfen. Eine enorm schwierige Aufgabe. Der begrenzte Platz in der Zeitung, der Radio-, oder TV-Sendung wird immer heißer begehrt, über die Redaktionen brechen wahre Nachrichtenlawinen herein. Modernste Technik trägt dazu bei, dass die Sensationen aus allen Winkeln der Welt von Spezialagenturen sekundenschnell in Bild, Ton und Text überallhin geliefert werden, und kaum eine öffentliche Einrichtung oder ein

- Die Kraft der Story
- Die besten Seiten und Zeiten
- Die neue Rhetorik
- Das IAO-Prinzip

größeres Unternehmen betreibt nicht professionelle **Öffentlichkeitsarbeit.** Sprich, täglich bombardieren Scharen von Experten dieses Metiers die Medien mit Botschaften von angeblich ungeheurer Wichtigkeit.

An Storys herrscht also – entgegen einem weit verbreiteten Irrglauben – absolut kein Mangel. Allerdings handelt es sich dabei vorwiegend um passable Massenware, die nicht das bieten kann, was Medien im Wettbewerb untereinander brauchen: nämlich aufmerksamkeitsstarke Top-Geschichten, die so richtig tief unter die Haut gehen, tagelang für Gesprächsstoff in den Kneipen und bei den Friseuren sorgen. Auf der ewigen Jagd nach diesen echten Knüllern befinden sich die meisten Journalisten und Medien.

Was ist nun eine wirklich gute Story? Klar: eine ungewöhnliche, aufregende Information. Aber was regt heutzutage noch auf? Eine durchaus heikle Frage, denn die Branche spricht zwar vom Nachrichtenwert, verfügt aber über kein objektives Instrumentarium – wie etwa ein „Storymeter" – um diesen Wert exakt zu bestimmen. In den Redaktionsstuben vertraut man daher stark auf Routine sowie ein gewisses Gefühl in der Bauchgegend und liegt, wie die Fama sagt, bisweilen falsch damit. In Journalistenkreisen werden zahllose Geschichten von Kolleginnen und Kollegen erzählt, die „fade" Informationen dankend ablehnten, welche dann in anderen Medien Schlagzeilen machten.

Dennoch gibt es so etwas wie **Wertkriterien** für eine wirklich gute Story.

Zunächst heißt es zu klären, unter welchen der beiden folgenden Dachbegriffe die Information zugezählt werden muss. Hat sie außergewöhnliche **Bedeutung** oder erweckt sie besonderes **Interesse** (der Leser, Hörer und Seher)?

Bedeutung wird im Regelfall all jenen Ereignissen zugemessen, deren Ausmaße Gewicht haben. Sei es in der schmerzhaften Form von Opferbilanzen oder in breiter Betroffenheit, die sich etwa in Form von landesweiten Wahlen ergibt. Daran führt kein medialer Weg vorbei – wenngleich am Boulevard auch das Bedeutsame unter die **Räder kommen** kann, wenn es zu wenig Spannung bietet. Das **Interesse** der Konsumenten ist der entscheidende Punkt. Sie stimmen über die Quoten, die Leser-, Hörer- und Seherzahlen über Erfolg und Misserfolg ab. Ganz auf sie sind daher die folgenden Faktoren maßgeschneidert, die – sofern sie alle zutreffen – eine absolute Überdrüber-Story ergeben.

- **Die Kneipen-Kraft.** Fast jeder kennt diese Situation: Man trifft in einer gastlichen Stätte alte Bekannte, bestellt einen Kaffee, tauscht ein paar Höflichkeiten aus und dann ist das Thema der Woche auf dem Tisch. Und damit die Frage „Was sagst du dazu?“ Es dreht sich dabei stets um außergewöhnlich Kurioses, Dramatisches, Umstrittenes – bewährtes Futter für die Neugier. Storys, denen man derartige Kneipenwirkung zutrauen kann, lassen keine Zweifel aufkommen – sie sind Medienknüller.
- **Die Nähe 1.** Ein Phänomen, dem auch große Geister erliegen. Die Dinge, die vor der eigenen Haustüre passieren, sind immer die aufregendsten. Man kennt den Ort des Geschehens sehr gut, oft zusätzlich die handelnden Personen – und kann sich selbst in die Handlung mit all ihren Konsequenzen hineindenken.
- **Die Nähe 2.** Eigene Emotionen sind noch näher als die Nachbarn, wie jeder weiß. Die Seele ist nicht immer vornehm, sie kocht vor Ärger, Neid, Zorn oder Scha-

Tierliebe ist ein starker Story-Faktor

denfreude. Oft zeigt sie natürlich auch Mitleid oder Sympathie. Sie hat ein Herz für Babys aller Art und für Tiere. Und sie erliegt den Trieben – Hunger, Durst und ganz besonders – wie man an der Bildauswahl in vielen Medien erkennt – der Erotik.

- **Der Promi-Kult.** Starkult größeren und kleineren Kalibers ist das Markenzeichen der Aufmerksamkeitskultur. Folglich ist die gebrochene Zehe eines Fußballstars merkwürdigerweise stets – gemessen an Druckzeilen und Sendesekunden – die größere Story als ein „gewöhnlicher" Unfall mit viel tragischeren Folgen. So kann der Blechschaden-Unfall eines Spitzenpolitikers mehr aufregen als eine Massenkarambolage. Die Neugier spielt verrückt.
- **Die Gunst der Stunde.** Wer Stoff zu einem Thema anbieten kann, das aus tragischen oder sonstigen Gründen die Öffentlichkeit gerade intensiv beschäftigt, dem ist ein Platz auf der Story-Überholspur sicher. Nach einer Katastrophe ist der vielleicht sonst nur müde belächelte Erfinder eines neuen Bergegerätes plötzlich in Redaktionen sehr gefragt. Natürlich interessieren neue Heizgeräte in der Kälteperiode mehr

als im Sommer und es verdoppelt sich das Mitleid erfahrungsgemäß in der sensiblen Adventzeit.

- **Die Qualität der Dokumentation.** Eine Story ist nur so gut, wie man sie den Lesern, Hörern oder Sehern darstellen kann. Es kommt auf die Beweiskraft von (Tatort-)Fotos oder den Original-Ton von wichtigen Personen des Geschehens an. Eine Branchenweisheit: So manche lauwarme Nachricht kann mit einem grandiosen Foto einen kräftigen Schub und die beste Platzierung auf der Zeitungsseite bekommen. Eine Entscheidung der Design-Abteilung, die ganz genau weiß, dass jede Seite ihren Eye-Catcher braucht. Und genau die sind sehr oft Mangelware.
- **Die Betroffenheit.** Was viele betrifft, interessiert auch viele. Wie etwa der Benzinpreis, über dessen Veränderungen die Medien auch dann berichten, wenn sie nicht unbedingt spektakulär ausfallen. Bei so guter Informationsarbeit entstehen Leidenschaftsthemen, deren Heftigkeit nicht restlos erklärbar ist.
- **Die Exklusivität.** Das, was Journalisten für ihr Ego und Medien im Konkurrenzkampf brauchen. Die – rein theoretische – Chance, einen Informationsvorsprung zu demonstrieren – sofern Konsumenten wirklich ihr Lieblingsmedium mit anderen Produkten vergleichen. Eine solche Information wird ihrem Überbringer im Regelfall mit umfangreicherer Berichterstattung belohnt. Vorsicht: Mittelmaß kommt dafür nicht in Frage!

Wer mit seiner Story nach allen oder fast allen Kriterien punkten kann, darf mit einem starken Medienauftritt rechnen. Ihm steht allenfalls nur noch ein nicht unerheblicher Risikofaktor im Weg – nämlich andere Storys, die in der täglichen Redaktions-Hitparade der aufregendsten Nachrichten die noch besseren Wertungen bekommen. So kann es theoretisch zumindest möglich sein, dass eine Geschichte, die am aufregungsarmen Vortag auf der Titelseite gelandet wäre, plötzlich 24 Stunden später im Wettbewerb mit mehreren spektakulären Er-

eignissen untergeht. Sie ist vielleicht gerade noch eine Kurzmeldung wert.
Scharen von Informationsanbietern haben sich schon den Kopf darüber zerbrochen, wie man in dieser Story-Lotterie am ehesten gewinnen kann – also welcher Tag für sie der chancenreichste ist. Als Favorit wird der Samstag gehandelt, aber den haben mittlerweile schon wieder viele als Marktlücke entdeckt.
Medienmacher sind meist leidenschaftliche **Story-Jäger.** Und sie müssen es natürlich verstehen, ihre Ware effektvoll an die Frau und an den Mann zu bringen. Dazu bedienen sie sich einer Doppel-Strategie. Zunächst erfolgt nach dem Schlagzeilen-Prinzip ein Blitzangriff auf die Aufmerksamkeit und gleich danach wird alles getan, um selbige so lange wie möglich zu fesseln. Dieses Konzept bringt allerdings einen Bruch mit den gelernten Kommunikationsmustern. Der Schulaufsatz durfte und darf immer noch mit weit schweifenden Erklärungen beginnen und sich das Beste für den Schluss aufheben. Aus gutem Grund. Nach dem Lesen des finalen Paukenschlages geben Frau Lehrerin oder Herr Lehrer die Note. Die Medienkonsumenten benoten schneller und strenger. Untersuchungen des berühmten Poynter-Institutes in den USA haben ergeben, dass nur noch ein Viertel der von Printmedien angebotenen Texte angeschaut (!) und von diesen die Hälfte auch tatsächlich gelesen wird. Nur solange sie wirklich interessant sind.

> **„Zunächst erfolgt nach dem Schlagzeilen-Prinzip ein Blitzangriff auf die Aufmerksamkeit ...“**

Daraus ergibt sich ein klarer Arbeitsauftrag. Die **Schlagzeile** ist ein kostbares Instrument der Verführung – der Köder, bei dem der Leser anbeißen muss. In diesem Sinne ist die Übertreibung zum Kavaliersdelikt geworden. Der Untertitel oder Vorspann eines Artikels gießt noch

Öl ins Feuer der Neugier und der Text beginnt mit den spannendsten Fakten – ahnend, dass Leserin oder Leser nicht bis zum Schluss durchhalten werden.

In Zeiten umkämpfter Aufmerksamkeit kommt der Schlagzeilen-Stil längst in allen Lebensbereichen in Mode. Wer gehört oder gelesen werden will, muss schnell zur Sache kommen. Es geht um Fakten und nicht um Höflichkeiten. Speziell all jene, die Medien beeindrucken möchten, werden nicht umhin können, auf diese Würze der Kürze zu setzen.

Das große Fragenstellen. Womit wir auch schon bei der Königsdisziplin journalistischer Arbeit gelandet wären – dem Interview. In seiner aufregendsten Form konfrontiert es nicht nur mit einem professionellen Fragensteller, sondern noch einer Fernsehkamera und gleißendem Scheinwerferlicht. Der große Auftritt, die geballte Aufmerksamkeit.

Wer diese Chance zu nützen versteht, ist in der Aufmerksamkeitskultur mit ihrem unübersehbaren Trend zu telegenen Politikern und Top-Managern eindeutig zu Höherem berufen. Daher für den Fall des Falles die folgenden zehn Tipps:

- Wie schon gesagt, Kürze ist gefragt. Meiden Sie hohle Phrasen und komplizierte Erklärungen!
- Seien sie vor der Kamera immer Sie selbst. Untalentierte Amateurschauspieler machen sich lächerlich. Versuchen Sie nicht krampfhaft, schön zu wirken – persönliche Ausstrahlung ist weit wichtiger. Am schlimmsten wird es, wenn sich Menschen auch in tragischen Fällen nur von ihrer Schokoladenseite zeigen möchten. Passen Sie Ihren Gesichtsausdruck also unbedingt dem Thema an!
- Vorsicht – Fernsehen überzeichnet. Bunte Kleidung wirkt noch bunter, viel Schmuck sieht leicht nach zu viel aus. Wählen Sie daher Ihre Kleidung – sofern das möglich ist – sorgfältig aus. Sie sollte gut zu Ihrem Typ passen und nicht klein gemustert sein – das mag die Kamera nicht. Beherzigen Sie Ratschläge von an-

BEIM INTERVIEW: PHRASENDRESCHER SIND SCHNELL AUF DER VERLIERERSTRASSE

deren, man sieht sich selbst kaum so, wie man wirklich ist.

- Haben Sie keine Angst vor „Versprechern“ – sie unterstreichen Ihre Natürlichkeit. Wenn Sie selbst es locker nehmen, verzeihen es die Seherinnen und Seher auch.
- Denken Sie daran, dass der Interviewer Sie im Namen seiner Kundschaft befragt. Wenn Sie zu ihm unfreundlich sind, fühlen sich sehr leicht die Menschen vor dem Bildschirm beleidigt. Zur Freundlichkeit gehört auch die richtige Blickverteilung. Ihr Gesprächs- und Augenkontaktpartner ist der Frage-Profi und nur ihm steht der direkte Blick (über das Objektiv der Kamera) in das Sehervolk zu. Wer sich in diese Beziehung – mit starrem Blick in die Linse – einmischt, erweckt einen aufdringlichen Eindruck und wird entweder mitleidig belächelt oder per Fernbedienung mit dem Wegzappen bestraft.
- Versuchen Sie, mit dem Interviewer einen Dialog aufrechtzuerhalten. Dazu gehört eine vernünftige Ant-

wort-Dosis: Jeweils ein knappes „Ja“ oder „Nein“ ist genauso falsch wie ein endloser Monolog.

- Wiederholen Sie nicht die Fragen des Interviewers, um damit Nachdenkzeit für Ihre Antworten zu gewinnen – einmal wird dies vielleicht gerade noch verziehen, aber ab dem zweiten Mal hat es das Zeug zum Aufmerksamkeitskiller.
- Versuchen Sie nicht, wichtige Textpassagen vor dem Interview auswendig zu lernen; die Gefahr, sie in der Aufregung plötzlich zu vergessen, ist vor allem für Unerfahrene erheblich. Und wenig wird dann so peinlich wie das verzweifelte Umherirren zwischen Erinnerungsfragmenten.
- Nützen Sie das optische Medium und zeigen Sie Beweismaterial!
- Haben Sie den Mut zu Ehrlichkeit! Das Einbekennen von Schwächen kommt viel besser an als ein unsicheres Herumreden.

Prime Time. Medien stehen meist in einer intensiven Wechselbeziehung zur Werbung. Sie ist – neben Abonnement- oder Kaufpreisen bzw. Gebühren bei den öffentlich-rechtlichen TV- und Rundfunksendern – die wichtigste Einnahmequelle. Um nur ein Beispiel für die Bedeutung dieses wirtschaftlichen Fundaments zu nennen: Insider gehen davon aus, dass eine Tageszeitung

Auto & Radio: Festspiele eines Begleitmediums

ohne Werbung ihren Lesern etwa das Dreifache kosten müsste. Die wachsende Zahl von Gratis-Medien ist nicht nur ein Indiz für einen immer härteren Wettbewerb in dieser Branche, sondern auch dafür, dass man dort sogar mit Werbung allein gut wirtschaften kann.

Spots, Anzeigen und Co. sind vorwiegend im Windschatten medialer Erfolge unterwegs. Sie treten gezielt dort auf, wo die Aufmerksamkeit, aus verschiedensten Gründen und stets durch die Marktforschung belegt, Hochsaison hat. Für diese Vorliebe müssen Auftraggeber allerdings entsprechend bezahlen – besonders viel beispielsweise für einen Spot in der Pause eines Finalspieles der Fußballweltmeisterschaft, wenn die Männerwelt weitgehend geschlossen vor dem Flimmerkasten versammelt ist. Da gibt es **Quoten** vom Allerfeinsten und für männliche Lieblingsprodukte Zielgruppe pur.

Aufmerksamkeitsstarke Phasen werden im Bereich der elektronischen Medien „Prime Time“ genannt und sind deren Goldgruben der Werbeeinnahmen. Dort setzt man die Top-Stars als Moderatoren ein, wirft die Programm-Hits in die Schlacht und macht das meiste Geld.

Die Sternstunde des Radios ist, wenn die als Morgenbegleiter beliebten „Wecker“-Sendungen on Air sind. Da helfen die Stimmungsmacher via Ätherwellen aus dem Bett, liefern akustische Muntermacher, verraten Wetterlage und „Blitzer“, bieten Informationshappen aus der nahen und weiten Welt. Sie begleiten damit Frühstück, Zähneputzen und das Packen der Aktentasche und über das Autoradio das mühsame Vorankommen im Frühstau. Wahre Festspiele eines Begleitmediums, das allerdings recht selten mit intensiver Aufmerksamkeit bedacht wird. Der zuliebe gibt es dann stündliche oder gar halbstündliche Nachrichten, rund um die sich Werbung gut aufgehoben fühlt.

Fernsehen zeigt in unseren Breiten erst ab dem frühen Abend und speziell nach 19.30 Uhr – als Paukenschlag für die Aufmerksamkeit serviert man da die Hauptnachrichten –, welche Kraft es entfalten kann. Frühstücks-TV und ähnliche Morgenformate lassen die Fernbedienung derzeit noch ziemlich kalt. In anderen Ländern gibt es allerdings andere Fernsehsitten, wie wir dank der weltweit durchgeführten Studie „Media in Mind" (erstmals 1998 von Universal Media, London in Auftrag gegeben) bestätigt bekommen. Spanien und Italien scheinen die gute alte Siesta in der heißen Mittagszeit nicht mehr so sehr als Nickerchen zu zelebrieren. Nach dem Essen floriert auch der Blick auf den Bildschirm. In Italien laufen die Uhren des TV-Konsums überhaupt ganz anders. Die geselligkeitsliebenden Südländer lassen den Fernseher zwar den ganzen Tag laufen, aber intensive Aufmerksamkeit kriegt er meist nur dann, wenn sie ihren Fußballstars in Großaufnahme auf die Beine schauen können.

Der Zeitung billigen die Konsumenten nach Selbsteinschätzung die intensivste Aufmerksamkeit zu. Nahe liegend, denn beim Blättern und Suchen der interessanten Geschichten darf die Neugier ganz persönlich Regie führen. Ihre „Prime Time" erlebt die **Tageszeitung beim Frühstück,** deshalb hat die frühe Hauszustellung so enorme Bedeutung für deren Erfolg. Ein dampfender Kaffee, knuspriges Gebäck und eine gute Zeitung sind der Inbegriff für einen gelungenen Tagesstart.

Schon seit Jahrzehnten wird leidenschaftlich darüber diskutiert, wo Inserate in der Zeitung die meiste Aufmerksamkeit finden. Die zahlende (Werbe-)Kundschaft tendiert, wie den meisten Leserinnen und Lesern nicht entgangen ist, zu Anzeigen auf rechten Seiten, die möglichst weit vorne im Blatt und damit meist im Umfeld der spannendsten Storys liegen sollen. Allerlei Untersuchungen versuchten in den letzten Jahren – wie man sieht erfolglos – zu belegen, dass der Wirkungsvorteil der rechten gegenüber der linken Seite eine Fiktion bzw. nur marginal ist. Ebenso entzweit die Fachwelt die Frage, welches Umfeld Reklame haben soll. Theorie Nummer eins glaubt daran, dass im Sog der (natürlich meist gelesenen) heißen Themen die Chance auf Aufmerksamkeit und schließlich auch auf Erfolg am größten sei. Theorie zwei ist überzeugt, dass gewaltiger Nachrichtenstoff ein

Der Zeitung schenken die Konsumenten, glauben sie selbst, am meisten Aufmerksamkeit

Inserat förmlich erdrücken kann, und sucht die ruhige Nähe von Kreuzworträtsel und Co.

Der wahre Wundertag des Mediengebrauchs ist offenbar der **Sonntag.** Da scheint die Erfolgskombination Bett & Zeitung Trendsetter zu sein und zusätzlich macht sich bemerkbar, dass Medienkonsum ein ganz dominanter Freizeitfaktor geworden ist. Bei Schlechtwetter spielt er stundenlang ein Solo, bei Sonne weist er den Weg zu den reizvollsten Attraktionen. Der Leselust-Faktor hat zuletzt zahlreiche große Verlage animiert, ihre Produkte sonntags erscheinen zu lassen. Wobei auch wieder die Werbung interessierter Partner ist. Speziell die Anbieter von Investitionsgütern haben entdeckt, dass größere Anschaffungen (Haus, Wohnung, Auto) aus nahe liegenden Zeitgründen am Sonntag im Kreis der Familie diskutiert werden. „Anregungen" dazu landen da punktgenau.

All dieses und mehr ist Thema der so genannten **Werbewirkungsforschung,** die, inzwischen mit modernsten Gerätschaften ausgestattet, die Gewohnheiten der Kundschaft auszuloten versucht. Blickaufzeichnungsgeräte beobachten die Pupillen bei der Arbeit und stellen solcherart fest, welche Elemente von Werbeseiten am längsten beäugt werden, also das meiste Interesse erzielen. Eine andere Methode baut auf der Erkenntnis auf, dass die menschliche Haut bei hoher Aufmerksamkeit eine bessere Leitfähigkeit hat. Daher misst man Testpersonen den Hautwiderstand, während sie beispielsweise einen Werbespot verfolgen. Waren die Reaktionen bei einer entsprechenden Zahl von Probanden erfolgreich, darf der Spot auf Sendung gehen. Sonst nicht.

Die Werbeforscher können eindrucksvoll die Macht der Bilder beweisen, die im Regelfall nur dann funktioniert, wenn darauf Menschen – und am besten deren Gesichter – zu sehen sind. Die „Spur", die das Auge beim Betrachten von Anzeigen zieht, lässt keine Zweifel aufkommen. Der erste Blick gehört dem Bild, der zweite dem Slogan. Eine Ausnahme macht nur die Zeitungsseite – aber die belegt diese Favoritenrolle noch stärker: Auch dort nimmt natürlich das Auge ohne zu zögern als Erstes das jeweils größte und beeindruckendste Foto ins Visier. Dann allerdings nicht, wie man meinen möchte, die stärkste Headline, sondern die so genannte „Bildunterschrift".

Wie sehr es auf das perfekte Bild ankommt, wird deutlich, wenn man weiß, wie wenig von seiner kostbaren Zeit der Mensch einem Werbesujet gönnt, wenn er ihm überhaupt Aufmerksamkeit widmet. Plakate werden im Durchschnitt **eine (!) Sekunde** betrachtet, Online-Werbung bringt es auf 1,5 Sekunden, Zeitungsanzeigen auf zwei Sekunden. In dieser Kürze der Zeitspanne wird eines sehr deutlich: Was das Foto als Werbebotschaft nicht auszudrücken vermag, bleibt mit großer Wahrscheinlichkeit auf der Strecke.

Werbung ist umstritten. Vor allem ihre zunehmende Fülle scheinen manche Menschen erdrückend zu empfinden, aber auch ihr – im immer schwierigeren Kampf um Aufmerksamkeit entstandener – Hang zu Provokation und Irritation ist nicht jedermanns Sache. Am meisten gestört fühlen sich die Konsumenten von Spot-Blöcken, die im Privat-TV regelmäßig Shows und Filme unterbrechen – noch dazu meist dann, wenn sie am spannendsten sind. Dieser Regie der Wirtschaftlichkeit verzeiht man schwer, obwohl klar sein muss, dass derartige Sender sich ausschließlich durch Werbung finanzieren. Weit großzügiger gehen Leser mit vergleichbaren Printmedien um – den Gratiszeitungen. Deren hoher Reklameanteil wird weit eher akzeptiert, weil man als Konsument nicht sehnsüchtig auf Fortsetzungen warten muss und die Macht des Überblätterns hat.

Die schwächste Seite der Werbung: Sie hat es bislang nicht richtig geschafft, ihre einzigartige Bedeutung für unser aller Leben ins rechte Licht zu rücken. Ohne Werbung gäbe es **Medienvielfalt** und damit verbunden **Meinungsfreiheit** nicht, sähe unsere Wirtschafts- und Arbeitswelt genauso trostlos aus wie die Kultur oder der Spitzensport. Dort geht ohne Sponsoren schon längst nichts mehr. Und an die optische Tristesse von Straßen, die (mit Ausnahme von Propagandasprüchen) werbefrei sind, können wir uns noch aus Zeiten des „Ostblocks" allzu gut erinnern.

Die neue Rhetorik. Die schon seit der Antike gepriesene hohe Schule von der wortgewaltigen „Werbung" um Aufmerksamkeit in eigener Sache nennt sich auch heute noch Rhetorik und vertraut nach wie vor auf viele Prinzipien von einst. Während sich allerdings die Großmeister der Redekunst von Aristoteles bis Cicero sehr auf den Inhalt konzentrierten, vertrauen die Profis unserer Tage mehr auf die **Persönlichkeit und Ausstrahlungskraft** des Vortragenden: auf eine Mischung aus Auftritts- und Redekunst. Man verlässt sich dabei auf die Erkenntnisse des US-Psychologen Albert Mehrabian, der schon vor über drei Jahrzehnten mit dem Buch „Nonverbal Communication" die Bedeutung der

> **„Die Profis unserer Tage vertrauen mehr auf die Persönlichkeit und Ausstrahlungskraft des Vortragenden"**

WORTE WIEGEN WENIG – ES KOMMT VORWIEGEND AUF DIE KÖRPERSPRACHE AN

Worte entzaubert hat. Nach seinen Untersuchungen, die tendenziell vielfach bestätigt sind, beziehen wir die klare Mehrheit unserer Informationen, nämlich 55 Prozent, aus der Körpersprache. Weitere 38 Prozent liefert die Stimme eines Redners. Für die Wirkung seiner Worte bleiben bescheidene sieben (!) Prozent. Was auf den ersten Blick völlig unverständlich erscheint, lässt sich rasch beweisen. Ein lobendes Wort mit ruhiger, tiefer Stimme in der Kombination mit einem fröhlichen Blick und einer freundlichen Geste erfüllt verlässlich seinen Zweck. Mit hasserfüllten Augen, lautem, hohen Tonfall und drohender Faust hingegen verkommt es zu bösem Zynismus, drückt genau das Gegenteil aus.

Somit gelten für die moderne Redekunst zwei Prinzipien und eine wichtige Ergänzung:

- Überraschenderweise eines, das wir schon aus den Medien kennen. Es dominiert auch hier wieder das Bild – in diesem Fall das der gesamten Persönlichkeit des Redners – über den Text. Der Mensch „hört" sehr stark mit den Augen. Sein besonderes Interesse gilt der Mimik, der Körpersprache, der Bekleidung, eben dem gesamten Auftritt.

- Wir nehmen mehr als nur eine Sprache wahr! Am deutlichsten jene der Gefühle, die sich in Klangfarbe und Lautstärke artikuliert, eher untergeordnet die der Inhalte, die in Worten und Sätzen zum Ausdruck kommt.
- Das Publikum des mit Informationen aller Art überschwemmten 21. Jahrhunderts empfindet zu langes Reden – sofern es sich nicht wirklich um ein Feuerwerk von Inszenierung und Inhalt handelt – als Zeitdiebstahl. Bestraft wird dieser mit Aufmerksamkeitsverweigerung.

Wer also gehört werden will, sollte unbedingt nicht nur reden, sondern auch auftreten und auf seine Uhr sehen können. Wie sieht es denn aus um diese **neue Rhetorik,** die im Zeitalter der Aufmerksamkeitskultur geradezu magische Bedeutung hat?

- Etwa drei Viertel, manche Studien sprechen sogar von 90 Prozent, der Menschen leiden unter mehr oder weniger ausgeprägten **Redeängsten.** Ihnen fehlt der Mut, sich einem etwas größeren Publikum zu stellen. Ihr Ausweg aus dieser inneren Blockade ist ein vorgefertiges Produkt, das sie verlesen. Blickkontakt mit den Anwesenden simulieren solche Vortragenden meist nur damit, dass sie im Lesefluss eher hektisch kurz die Augen heben und ihre Körpersprache sendet Panik-Signale. Die Mehrzahl der Rhetoriktrainer ist der Überzeugung, dass einem Talentemangel mit entsprechender Übung nachgeholfen werden kann. Nicht zuletzt deshalb dürften die entsprechenden Kurse sehr gut besucht sein.
- Redekunst hat in unserem Bildungssystem im Vergleich etwa zu den USA, zu Großbritannien und Frankreich einen eher untergeordneten Stellenwert. Lediglich im deutschen Tübingen gibt es einen **Lehrstuhl für Rhetorik.** Im Schulwesen kommt man vielerorts erst jetzt drauf, dass die bisherigen, bescheidenen „Redeübungen“ nicht das sind, was junge Leute im Zeitalter der Aufmerksamkeitskultur brauchen,

um sich den Herausforderungen des Lebens stellen zu können.

- Weil die heutigen Wortspender vom Dienst – in erster Linie Politiker und andere ranghohe Verantwortungsträger – so sehr gefordert sind und so viel zu reden haben, legen sie die rhetorische Verantwortung häufig in die Hände von Redenschreibern. Jene erledigen zwar sehr oft einen tadellosen Job – aber das allein genügt nicht. Selbst das beste Wortwerk wird demoliert, wenn es erstens in schwer verständlichem Tempo runtergeleiert wird und zweitens die Körpersprache verrät, dass der Vortragende Gedankengänge und Wortwahl seines Ghostwriters nicht anzunehmen vermag. All das ist noch harmlos gegen das förmlich wütende Übermaß an den Rednerpulten. Die meisten Referate und Vorträge sind **viel, viel, viel zu lang**. Somit für die Aufmerksamkeit der Zuhörer eine Zumutung. Geradezu Kultstatus gibt man der rhetorischen Endlosschleife auf den politischen Bühnen aller Art. Kaum noch jemand erinnert sich an die goldene Regel, die Mark Twain formulierte: „Eine gute Rede hat einen guten Anfang und ein gutes Ende – und beides sollte möglichst dicht beieinander liegen."

> **Eine gute Rede hat einen guten Anfang und ein gutes Ende – und beides sollte möglichst dicht beieinander liegen.**
>
> **Mark Twain**

- Selbst einige Vorredner der Nation, die TV-Moderatoren, sind keine leuchtenden Vorbilder mehr. Im Fernsehstudio spricht man nur noch selten wirklich frei, meistens wird vom so genannten **Teleprompter** gelesen, der einen in den PC getippten Text vor die Kameralinse spiegelt. Der Blickkontakt gilt somit in Wahrheit den Buchstaben und nicht den Sehern. Was der Beziehung zu diesen nicht unbedingt förderlich ist und außerdem sehr leicht „oberlehrerhaft" wirkt.

Wie kostbar eine gute Rede ist, erkennt man unter anderem an den Preisempfehlungen des Verbandes der Redenschreiber deutscher Sprache (VdRdS). Ein Meister des Faches kann, so wird dem potenziellen Kunden erklärt, für sein Werk je nach Aufwand zwischen 700 und 1.250 Euro pro zehn Minuten Rededauer verlangen. Aber Geld ist nicht alles in dieser Zunft, wie eine deutliche Warnung belegt. Ein Überschreiten der 30-Minuten-Grenze sollte bei einer Rede, so heißt es, die „extreme Ausnahme" sein.

Wer die Sache lieber selbst anpacken möchte, dem seien zunächst einmal die Grundregeln antiker Redekunst verraten, die nach wie vor wertvolle Anregungen liefern.

Der Weg zum Ziel einer zumindest zufriedenen, wenn nicht sogar begeisterten Zuhörerschaft führt über fünf Stationen:

- Inventio – die breit angelegte Suche nach Inhalten und Argumenten. Das „Baumaterial".
- Dispositio – die Gliederung. Einst bestand sie aus vier Elementen, nun reichen drei: Ein beeindruckender Anfang, ein nicht zu langer Hauptteil und ein Schluss, der in den Köpfen der Zuhörer möglichst lange nachbebt.
- Elocutio – die sprachliche Umsetzung, die Wahl der richtigen Worte.
- Memoria – das, wofür sich heute kaum noch jemand Zeit nimmt, das Einüben (nicht das Auswendiglernen!) der Rede.
- Pronuntiatio – der richtige Vortrag. Betonung, Körpersprache und vielleicht ein eindrucksvolles Beweismittel.

In zahllosen Büchern und Seminaren, aber auch im Internet werden vorgefertigte Reden für alle Anlässe, bewährte Anfänge und Schlussworte und vor allem eine ganze Fülle guter Ratschläge angeboten. Der Haken daran: Weil sich alles, wie schon gesagt, so sehr um die Persönlichkeit des Redners dreht, kommt man mit Konfektionsware nicht weit genug. Wer den Erfolg sucht, muss sich selbst als **Original** entdecken und in diesem Sinne vielleicht ganz bewusst mit der einen oder anderen Regel brechen!

Dennoch eine Auswahl von wichtigen Tipps, die der Regisseur einer Erfolg versprechenden Redeinszenierung zu bedenken hat. Sie sind in drei Punkte gegliedert: **I**nhalt, **A**uftritt und **O**rganisation – **das IAO-Prinzip.**

Zum Inhalt der Rede

- Vorbereitung ist alles – siehe die Grundregeln antiker Redekunst! Es gilt, im Sinne der Würze der Kürze einen genauen (!) Zeitplan zu erstellen, auf das Publikum und seine Erwartungen Bedacht zu nehmen und so wenig wie möglich dem Zufall zu überlassen.
- Suchen Sie einen starken Anfang, erobern Sie gleich alle Aufmerksamkeit! Doch Vorsicht, in dramatischen und traurigen Situationen kann ein zu lauter Paukenschlag zum Fehlgriff werden. Entschuldigungen, Rechtfertigungen und allzu viele Höflichkeitsfloskeln gelten als Fehlstart.
- Ein eindrucksvoller Schluss ist Pflicht, weil er die besten Chancen auf einen Platz im Gedächtnis des Zuhörers hat. „Möge-Appelle“ sollen vermieden werden, ein Bejammern des zu knappen Zeitbudgets entlarvt die schlechte Vorbereitung und Dankesorgien bieten dem Auditorium einen Einblick in das instabile Selbstbewusstsein des Vortragenden. Im Sinne der Sache ist eine kurze Zusammenfassung noch immer die beste aller Notlösungen.

> **Ein interessanter Vortrag wird nur übertroffen von – einem unterhaltsamen Vortrag.**
>
> **Roman Braun**

- Das Publikum freut sich sehr darüber, wenn es lächeln oder gar lachen darf. Rhetorik-Trainer und Autor Roman Braun („Die Macht der Rhetorik“) dazu: „Ein interessanter Vortrag wird nur übertroffen von – einem unterhaltsamen Vortrag.“
- In der Ausdruckskraft unserer Sprache – und nicht in den Fremdwörtern!

– steckt ein gewaltiges Potenzial, mit dem viele sehr bescheiden umgehen. Die deutsche Sprache verfügt über 400.000 Wörter, der Durchschnittsbürger kommt mit einem Prozent davon, mit 4000(!) aus. Ein arabisches Sprichwort drückt am besten aus, worauf es ankommt: „Ein guter Redner ist jemand, der bewirkt, dass die Menschen mit den Ohren zu sehen vermögen."

- Routinereden sind gefährlich für den guten Ruf und sollten zumindest regelmäßig aktualisiert und individualisiert werden. Menschen, die Sie ein zweites oder ein drittes Mal hören müssen, können mit ihrer verständlichen Unruhe sehr leicht andere anstecken.

Zum Auftritt des Redners

- Gleich doppelt bedeutsam sind die letzten zehn Minuten vor dem Weg ans Rednerpult. Erstens, weil man volle Konzentration auf die anstehende Aufgabe nur hinter der Bühne oder in einem Nebenraum findet und nicht beim Smalltalk. Zweitens, weil jeder Akteur dadurch szenisches Gewicht bekommt, dass er „erscheint" und nicht einfach da ist. Was natürlich gewisse Arten von Veranstaltungen gar nicht ermöglichen. Wie etwa dann, wenn man einer von mehreren Rednerinnen und Rednern ist.
- Die ersten Schritte ins Rampenlicht sorgen bereits für entscheidende Sympathiewerte. Wer zögernd und mit gesenktem Blick unterwegs ist, verliert wertvolle Punkte, bevor er noch ein Wort sagt. Menschen, die dynamisch, aber nicht hektisch zum Mikrofon schreiten und dabei in die Menge oder auch zu bekannten Gesichtern lächeln, versprühen ansteckende Zuversicht. Ihre Botschaft: „Meine Reden sind immer noch gut angekommen, heute kann es nicht anders sein!" Nikolaus B. Enkelmann, prominenter Erfolgstrainer tausender Manager und Führungskräfte und Buchautor, bringt es einfach auf den Punkt: „Strahlen Sie die Welt an und die Welt strahlt zurück!"

- Selbst die Großen der Redekunst stellen sich selten dem Auditorium selbst vor, sie überlassen diese Aufgabe einem Moderator. Das aus gutem Grund. Ein Vortragender, der selbst seine eigene Kompetenz in schillernden Farben schildert, ist mit dem schalen Beigeschmack der Eitelkeit konfrontiert. Einem Präsentator verzeiht man sogar ein wenig Übertreibung.
- Achten Sie auf die Sprache Ihres gesamten Körpers, auf Mimik, Gestik und Haltung! Nur ein paar Hinweise zu dem Thema, das Erfolgstypen zumindest einige der vielen guten Bücher auf diesem Gebiet wert sein sollte: Die offen dargebotene Hand ist ein Kraftfaktor für das zwischenmenschliche Klima, nach innen gewandte Handflächen, etwa in Form vor der Brust verschränkter Hände, blocken ab. Armbewegungen oberhalb der Taille deuten auf Selbstvertrauen und Sicherheit, unter dieser Grenze sind sie ein Signal für Verlegenheit. Raumgreifendes Sitzen mit weit auseinander gespreizten Beinen wird als Hinweis auf Rücksichtslosigkeit empfunden. Und wer sich weit zurücklehnt und dabei hinter dem Kopf seine Hände faltet, erweckt den Eindruck von Selbstherrlichkeit. Da heißt es schwer auf der Hut zu sein!

> **„Achten Sie auf die Sprache Ihres gesamten Körpers!“**

- Ein wirklich guter und souveräner Redner sucht immer wieder den Kontakt mit dem Publikum, er baut nicht nur auf Monolog. Deshalb sollten auch gelesene Reden zumindest ein, zwei offene „Fenster“ für den Dialog vorsehen.
- Kleider machen Leute. Das gilt überall, aber noch mehr am Rednerpult. Der Wirkung von Kostüm, Anzug und Co. gehören ganz maßgeblich die entschei-

denden ersten Sekunden des Auftritts. Wählen Sie dem Anlass entsprechend zwischen „Kompetenz-Look" (dunkel, elegant) und etwas lockerer Bekleidungs-Alternative, die „ich bin einer von euch" sagen möchte. Ersteres kann leicht arrogant, Letzteres anbiedernd wirken. Es kommt auf die Dosis an.

Zur Organisation im Vorfeld einer Rede

- Nicht nur auf das Wie, auch auf das Wo kommt es an. Auf **Räume,** in denen man den Redner gut hören und sehen kann, die ausreichend mit frischer Luft zu versorgen sind. Auf dass die Aufmerksamkeit nicht zum Opfer von Sauerstoffmangel wird. Vermerken wir folgende Stichworte dazu: Akustik, Lautsprecher, Mikrofon, Bühne, Beleuchtung, Fenster oder Klimaanlage.
- **Rednerpult** – ja oder nein? Für unsichere „Leseredner" sind sie dreifach kostbar, weil sie einen Tisch für den Text, sicheren Halt und zusätzlich noch Tarnung für nervöse Bewegung von Händen und Füßen anbieten. Temperamentvollen „Turborednern" steht es oft im Weg – ganz abgesehen davon, dass es auch trennend zwischen ihrer Leidenschaft und dem Publikum steht.
- **Multimedia** ist in der Rhetorikwelt zum Standard geworden, überraschen kann bestenfalls noch ein frecher Videoclip. Computer-Präsentationen haben viele gute Seiten, aber auch ein nicht unerhebliches Risiko – zu viel Sachlichkeit. Der Bedienung der Technik werden wertvolle Gestik und Blickkontakte geopfert. Wieder einmal liegt das Geheimnis in der richtigen Mischung, die noch Platz für die Entfaltung der Persönlichkeit des Redners lässt.

Ein gutes Gelingen!

15-mal mehr Attnergy

Kommunikation – so bezeichnet eines der Lieblingsworte der Aufmerksamkeitskultur den Austausch von Informationen zwischen Menschen. Zu ihrer Erklärung verwenden die Größen des mittlerweile zur Wissenschaft gewachsenen Themas gerne das bewährte Bild vom **Sender und Empfänger.** Erfolgreiche Eroberer von Aufmerksamkeit achten sehr genau auf alle beide. Ihre sorgfältig eingestellten Empfänger halten sie mit den neuesten Nachrichten vom heißen Markt der Informationen auf der Höhe der Zeit. Sie müssen ihnen verraten, wo es langgeht, was gerade gefragt oder aus der Mode ist. Und die Sender? Für sie reicht es schon längst nicht mehr, wenn sie mit herkömmlicher Leistung einfach technisch gut wahrzunehmen sind. Sie brauchen für ihre Inhalte so viel wie möglich **Attnergy,** wie wir jenen wertvollen (Anziehungs-)Kraftstoff für die menschlichen Sinne genannt haben, ohne den in einer von Reizen überfluteten Zeit absolut nichts mehr läuft. Wer sich selbst, seine Produkte oder Ideen mit Attnergy aufladen will, findet dafür viele Möglichkeiten. Je mehr man davon nützt, desto besser! Hier einige der wichtigsten.

1. Die Sinne schärfen!

Vorweg eine heikle Frage: Wie steht es denn mit Ihrer eigenen Aufmerksamkeit, Ihren Empfangsanlagen? Wahrscheinlich zählen auch Sie zur großen Mehrheit jener

- **99 Minuten und nicht mehr**
- **Nur keine Mitte, bitte!**
- **Originale sind gefragt**
- **Zu den Kraftorten**

„Sehgeschöpfe", die im leidenschaftlichen Augenkontakt mit einer Welt der Bilder wichtige andere Sinne ziemlich verkümmern haben lassen. Die Hände greifen zwar, **be**greifen aber kaum noch, die Nase holt vorwiegend Luft statt Duft und die Ohren können wohl hören, jedoch kaum noch jemandem richtig **zu**hören. Auf der sinnlichen Schmalspurbahn bleibt damit vieles auf der Strecke, vor allem aber wackelt die so bedeutsame akustische Brücke von Mensch zu Mensch.
In Deutschland haben deshalb der Bayrische und der Hessische Rundfunk mit einigen Partnern eine **„Stiftung Zuhören"** gegründet, die „das **Zuhören als Kulturtechnik** im Zusammenhang von Bildung, Medien, Alltag, Wirtschaftsleben, Kunst und Kultur" fördern will. Manche Rhetoriktrainer bringen mittlerweile ihren Schülern aus gutem Grund das richtige Zuhören bei. Wer Aufmerksamkeit schenkt, bekommt Aufmerksamkeit zurück. Nicht nur das. Wer selbst gut zuhört, findet rasch heraus, auf welche Weise man andere zum Zuhören verlocken kann. Er erfährt damit, wo die besten Quellen für Attnergy verborgen sind.
Echtes Zuhören setzt ehrliches Interesse für den Gesprächspartner voraus. Man konzentriert sich ganz auf den Inhalt seiner Botschaft, achtet auf die Körpersprache, hält Blickkontakt, lässt ausreden, gibt immer wieder Rückmeldungen und versucht mit kurzen Zusammen-

Können Sie noch richtig zuhören?

fassungen rechtzeitig mögliche Missverständnisse zu klären. Für Menschen aus der Kategorie „oberflächliche Drüberhörer" eine erhebliche Herausforderung, die allerdings zu einer spannenden Entdeckungsreise werden kann.

Wer daran auch nur teilweise scheitert, sollte sich um ein Fitnessprogramm für die eigene Aufmerksamkeit kümmern. Dieses kann tatsächlich sehr sportlich angelegt sein. Eine interessante Anregung dazu gibt eine Studie, die 1999 in Österreich von der Bundessportorganisation gemeinsam mit dem Institut für Sportwissenschaft der Universität Wien und dem Institut Sicher Leben erstellt worden ist. Darin kommt man zur Erkenntnis, dass mit zunehmender Intensität von **Ausdauertraining** die Durchblutung des Gehirns um bis zu 25 Prozent verbessert wird. Dies vermag die Aufmerksamkeit und die Leistungen des Kurzzeitgedächtnisses erheblich zu verbessern. Es darf aber auch deutlich weniger athletisch sein – nämlich ganz gewöhnliche Bewegung in frischer Luft. Selbige sorgt für einen in diesem Zusammenhang sehr wichtigen, ausgeglichenen Sauerstoff-Haushalt.

Körperliche Aktivität verschafft auch unter Dach mehr Konzentrationskraft und geschärfte Sinne. So legen manche Führungskräfte großen Wert darauf, manche Besprechungen mit ihren Mitarbeiterinnen und Mitarbeitern im Stehen statt im Sitzen zu absolvieren. Das spart meist Zeit, weil man schneller zur Sache kommt, und fördert die Aufmerksamkeit. Nicht ganz zufällig waren Büro-Arbeitsplätze bis zum Anfang des 20. Jahrhunderts von Stehpulten geprägt. Die kehren nun in Form von höhenverstellbaren Schreibtischen wieder zurück.

2. Nur 99 Minuten und nicht mehr!

Fast jeder weiß es, doch keiner hält sich daran – **die spannende Kürze** ist auf allen Kommunikationsebenen das Erfolgsprinzip unserer Zeit, ein wahres Kraftfeld für Attnergy. Selbst noch so wortgewandte Text-Botschaften, die auf einer Manuskriptseite nicht Platz finden, sind ein verlässlicher Tipp für einen Flug in den Papierkorb. Das Idealmaß: **eine halbe Seite**. Auch rhetorische Kunstwerke sollten nicht länger als 30 Minuten dauern, um offene Ohren zu finden. Das Idealmaß: **15 Minuten.** Und Veranstaltungen aller Art, die länger als zwei Stunden dauern, verärgern die Besucher. Das Idealmaß mit symbolischer Bedeutung: **99 Minuten** – zwei Mal 40 Minuten und dazwischen 19 Minuten Pause. Auf die zweistellige Minutenzahl kommt es an!

Wenn wirklich alles passt, wie etwa bei einem spannenden Kinofilm, schafft die Aufmerksamkeit von Erwachsenen bekanntlich einen durchgehenden Konzentrations-Marathon von etwa 90 Minuten. Im meist deutlich weniger aufregenden Regelfall liegt die Schmerzgrenze knapp unter der Länge einer Schulstunde. Jene dauert jedoch für Kinder und Jugendliche viel zu lang, wie viele Fachleute meinen. Bei Mädchen und Buben im Grundschulalter reicht die Kraft der Sinne für 15 bis 20 Minuten, bei 10- bis 16-jährigen für 25 bis 30 Minuten. Mangelnde Aufmerksamkeit im Klassenzimmer ließe sich damit organisatorisch besser in den Griff bekommen.

3. Keine Mitte, bitte!

Die Aufmerksamkeit ortet als menschliche „Radaranlage" vorwiegend die ungewöhnlichen und aufregenden Höhen und Tiefen des Lebens. Sie entdeckt schwarze Schafe, lila Kühe, auf- und abschwellende Geräusche, leuchtende Farben, helle Freude oder bitteren Schmerz. Auf Mittelmaß spricht sie kaum noch an, wie wir täglich sowohl von der eigenen Neugier als auch den Top-Meldungen der Medien bestätigt bekommen. Fast bis zur Perfektion hat man die Flucht aus der faden Mitte der Gewöhnlichkeit in den milliardenschweren Traumwelten von Hollywood und Co. entwickelt. Nach altbewährten Mustern ist der Weg zum Erfolgsfilm in fünf Etappen gegliedert: Zunächst wird der Kinogeher möglichst turbulent oder unterhaltsam mit den handelnden Personen vertraut gemacht. Dann, in Phase zwei, kreuzen sich die Wege all jener Herrschaften und es beginnt zu kriseln. Nummer drei lässt es richtig krachen, der Konflikt eskaliert. An vierter Stelle müssen Drehbuchschreiber **die dramatische Wende** bieten. Fünftens ist großes Finale angesagt: Entweder mit Happy End oder mit Tränen, sprich schmerzhaftem Abschied vom Hauptdarsteller. Und aus! Selbst bei dieser fahrplanmäßigen Berg-und-Tal-Fahrt der Emotionen klagt man bekanntlich häufig über „Längen" – zu viele Minuten ohne Action.

Die Latte liegt hoch, aber sie ist keinesfalls unerreichbar. Die Patentrezepte aus den Filmfabriken sind – wenn es um Attnergy geht – durchaus alltagstauglich. Ihre einfache Botschaft: Die Macht der Gefühle bedenken, reichlich für Überraschungen sorgen und stets raus aus der Mitte des Durchschnitts!

„Die Macht der Gefühle bedenken, reichlich für Überraschungen sorgen und stets raus aus der Mitte des Durchschnitts!"

4. In Bildern sprechen!

Bilder sagen tatsächlich mehr als 1000 Worte, sie sind – so ihre Qualität stimmt – geballte Attnergy. Aus vielen Gründen. Sie aktivieren das Aufmerksamkeitssystem und spielen damit die entscheidende Rolle eines Türöffners ins Reich der Sinne. Damit verbunden sind hohe Erinnerungswerte im Langzeitgedächtnis und starke Auswirkungen auf die Gefühle. Wohl auch deshalb haben beim Betrachter Fotos **absoluten Vorrang** vor anderen Arten der Information. Der erste Blick des Zeitungslesers landet beim Bild, das damit zum bewusst platzierten so genannten **Eyecatcher,** dem Augenfänger, wird. Noch tragender ist die Rolle in einem Werbesujet, wo dem Foto etwa drei Viertel der ohnedies extrem knapp bemessenen Wahrnehmungszeit gehören. Damit nicht genug. Bildbotschaften werden im Gehirn schneller verarbeitet, sie können im gleichen Zeitraum ihrem Betrachter weit mehr mitteilen, als dies Worten gelingt.

Wie gehen wir mit diesem gewaltigen Potenzial um? Es hat sich zwar längst herumgesprochen, dass Druckwerke aller Art ohne Bilder so etwas wie Schnee von vorgestern sind. Doch über Sinn und Qualität der vermeintlichen Eyecatcher wird nicht überall genug nachgedacht. So geschieht es immer wieder, dass man sich zu Werbezwecken biederer Allerweltsfotos bedient, die weder einen Bezug zum Produkt noch einen Hauch von Unverwechselbarkeit haben. Da darf es dann nicht wundern, wenn die Kundschaft ausbleibt. Wie bei den vielen erotischen Augenfängern, die keinerlei Brücke zur Werbebotschaft bauen. Wenn es darum geht, die Umsätze bei Unterwäsche anzukurbeln, sind sie ein heißer Tipp, bei Hundefutter hingegen führen sie eindeutig auf die falsche Spur. Profis warnen sogar davor, dass attraktive, aber inhaltlich ungeeignete Fotoköder vom eigentlichen Thema ablenken und damit kontraproduktiv sind.

Zahllose gedruckte Medien leiden unter einer anderen, wie es scheint unheilbaren, Bilderkrankheit – den Unfotos von der Marke „ich will endlich auch einmal in die Zeitung“. Dabei handelt es sich um ein Motiv mit zwei

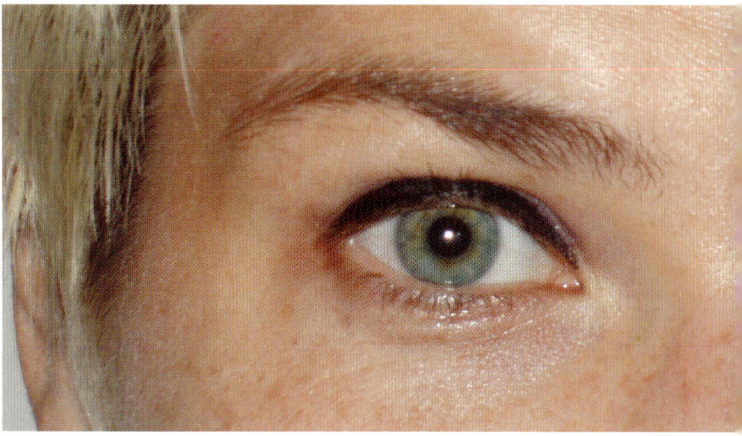

bis hundert querformatig abgebildete Menschen, die dem Fotografen Urkunden, Zeugnisse oder den gestreckten Daumen vor die Linse halten. Die Abgebildeten sind zwar verlässliche Schauer, aber alle anderen packt der Schauer. Vergeblich, wie man täglich sieht.

Welche Bilder sind die richtigen?

Die Profis in den Layoutabteilungen wissen, dass **Gesichter** und speziell **Augen** magische Anziehungskraft ausüben – die Brillenbranche hat's leicht. Insgesamt wirken Nahaufnahmen, die sich auf das Wesentliche konzentrieren, am intensivsten. Erst recht, wenn sie ein mutiger Bildschnitt von der Norm des Fotopapiers befreit und ihnen die außergewöhnliche Perspektive extremer Breite oder Höhe gibt. Die richtigen Bilder können einem Druckwerk Dynamik geben und die Blicke der Betrachter lenken. Die Erklärung dafür, warum in professionell gemachten Medien Menschen auf Porträtfotos niemals aus der Seite hinaus schauen dürfen – dort würde dann auch der Leser landen. Man behilft sich übrigens im Fall des Falles meist mit einer seitenverkehrten Wiedergabe. Das Geheimnis der vielen falsch gelegenen Scheitel.

5. Mehr Mut zum Ich!

Echte, unverwechselbare **Persönlichkeiten** sind Mangelware geworden – und das, obwohl wir uns mehr denn je dem Markenkult hingeben und damit für Originale begeistern. Da zeigt das Zeitalter der Aufmerksamkeitskultur Wirkung. Die Begeisterung für Stars führt nicht selten zur Aufgabe der eigenen Persönlichkeit, zum

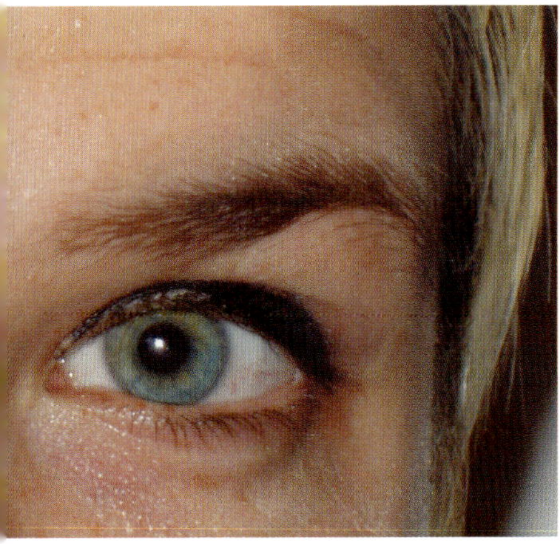

GESICHTER UND VOR ALLEM AUGEN ÜBEN MAGISCHE ANZIEHUNGSKRAFT AUS

Nacheifern um jeden Preis. Man kleidet sich wie sie, spricht wie sie und übt allenfalls auch vor dem Spiegel noch ihre Gesten. Weil selbst die Idole rasch wechseln, geraten manche Menschen in einen regelrechten Persönlichkeitsstress. Je nach gerade mitreißender TV-Serie oder fesselndem Film-Hit wechselt die Vorbildmode und gibt den vielen, die ihr Ich längst aufgegeben haben, eine neue Identität. Wochenlang machten sie vielleicht auf cool, plötzlich wollen sie lieber verführerisch sein. Das hohe Risiko dabei: Nachahmer sind stets nur ein billiger Abklatsch, sie geben sich selbst auf. Ihre Heimat ist das **Niemandsland.**

Für Monotonie in der Persönlichkeitslandschaft sorgt auch ein Drang nach Perfektion, mit dem in nicht immer ganz professionellen Trainingsangeboten gute Geschäfte gemacht werden. Regeln sind gut, aber gefährlich, wenn sie – wie das leider häufig geschieht – Konfektionsmenschen entstehen lassen. Die Herausforderung liegt im bewussten Bruch von Prinzipien, im Anderssein. Attnergy bringt das allerdings nur dann, wenn es stimmig ist und nicht krampfhaft wirkt. Die Suche nach Perfektion hat zwei weitere Haken: Wenn sie tatsächlich gelingt, erscheint sie vielen Menschen verdächtig. Und wenn das Bemühen künstlich wirkt, wird es leicht zur Lachnummer.

An einer Regel, die man in unserer wortlastigen Welt nicht so recht wahrhaben will, führt allerdings kein Weg vorbei: Worte stoßen auf weit weniger Interesse als die Persönlichkeit, die sie vorträgt. Es geht um Auftreten,

Ausstrahlung und Kleidung und – nicht zu unterschätzen – die entscheidenden **Sekunden des ersten Eindrucks.** Deshalb achten starke Persönlichkeiten immer darauf, dass sie ihr Gegenüber – das auch ein großes Publikum sein kann – nicht gleich mit einem Redeschwall überfallen. Sie schinden ein paar Augenblicke lang in aller Ruhe Eindruck.

Dankbar aufgenommen hat diese Prinzipien die Politik. Deren wichtigste Repräsentanten strahlen perfekt gestylt in Kameralinsen und setzen ihre Gesten punktgenau. In dieser Branche hat man allerdings nicht mehr viel an Inhalten zu bieten, denn Ideologien sind genauso abhanden gekommen wie Stammwähler. Die heimlichen Kernsätze der Parteiprogramme heißen „nur nicht anecken" und es „möglichst jedem recht machen". Jene, die diese mutlosen Konzepte in die Tat umsetzen, werden häufig danach beurteilt, wie telegen sie sind. Sie sollten eine Kreuzung aus Volksvertreter und TV-Star sein. Deshalb zählen sie zu den besten Kundschaften von Persönlichkeits-, Typ- und sonstigen Trainern, die sie quotenfit machen müssen.

Der große Wählerschwund lässt in diesem Zusammenhang spannende Fragen aufkommen: Liegt die Interesselosigkeit daran, dass die handelnden Personen trotz des Trainings nicht attraktiv genug sind? Empfindet man sie schon als zu künstlich? Gibt es Lebensbereiche, wo die Bedeutung von Persönlichkeit den Inhalt doch nicht so sehr erdrückt?

Oder traut man sich viel zu wenig? Erfolgsprofile können jedenfalls im richtigen Umgang mit Fehlern, Problemen und Krisen geradezu prächtig gedeihen! Wer sie souverän meistert, macht aus der Not eine Tugend. Redner etwa, die über eigene Versprecher souverän schmunzeln können, sammeln kostbare Sympathiepunkte. Deshalb soll es schon vorgekommen sein, dass sie sogar eingeplant waren.

Persönlichkeit ist jedenfalls Attnergy pur! Persönlichkeit braucht **Selbstbewusstsein, Unverwechselbarkeit und Glaubwürdigkeit**. Das gelingt am besten, indem man die eigenen Stärken maßvoll (!) zur Geltung bringt und die Schwächen zwar in den Hintergrund treten lässt, aber nicht verleugnet.

6. Jetzt oder nie!

Es kommt im Leben, wie wir wissen, immer auf den richtigen Augenblick an und den bestimmt ganz maßgeblich die **„innere Uhr".** Die ist nicht bei allen Menschen ganz gleich eingestellt, doch man kann sich dennoch ziemlich auf sie verlassen. Umso mehr verblüfft es, wie wenig in unserem Leben darauf Rücksicht genommen wird. Nützen Sie diese riesige Chance!

Die beste Zeit für einen Vortragenden – etwa den Chef, der seinen Mitarbeitern gerade das neue Unternehmensleitbild präsentiert – liegt zwischen 10 und 12 Uhr. Da wird wirklich zugehört. Sollten Sie sich selbst oder der Welt sportlich etwas beweisen wollen und dafür den Termin bestimmen können, starten Sie um 16 Uhr! Das maßgeschneiderte Timing für Höchstleistungen. Und das alles entscheidende Rendezvous, welches Ihr Leben verändern dürfte, ist nun einmal gegen 17 Uhr am besten aufgehoben. Dann, wenn die Gefühle ihre tägliche

Das Rendezvous hat gegen 17 Uhr seine beste Zeit – sagt die „innere Uhr"

Hochsaison erleben. Was vielleicht ein wenig dazu beigetragen hat, dass der Fünf-Uhr-Tee einen derart prominenten Platz im britischen Lebensstil bekam.
Heiß diskutiert wird von allen Veranstaltern der Welt die Frage nach dem idealen Wochentag für dieses oder jenes, das abends über die Bühne gehen soll. Lange Zeit galten Freitag und Samstag als die besten Tipps, aber beide sind mittlerweile hoffnungslos überbesetzt. Wohin weicht man aus?
Vor dem Wochenbeginn wird gewarnt. Nach Erkenntnissen der Unfallforschung passiert am Montag deutlich mehr als im Durchschnitt auf den Straßen. In zahlreichen Betrieben lehrt die Erfahrung, dass Montag und Dienstag schmerzhafte Tage sind. Die Erklärung dafür liegt auf der Hand: Die langen Nächte des Wochenendes bringen die „inneren Uhren" aus dem Rhythmus. Die Menschen müssen zu früh aus dem Bett, wanken dann müde durch den **„blauen Montag"** und sind oft selbst am Dienstag noch nicht fit.
Mittwoch und Donnerstag wären noch „zu haben", aber die Wochenmitte reizt niemanden so recht. Freitag ist doppelt unter Druck. Am Ende der Arbeitswoche fühlen sich viele nicht nur vom Job, sondern auch vom Wochenendstau erschöpft – was sich deutlich in den Statistiken der Verkehrsunfälle niederschlägt. Zusätzlich wurde der Freitag zum Ersatztermin für die totale Überbuchung des Samstag-Nacht-Fiebers und ist schon deshalb kein Thema mehr. Bleibt der kostbare Sonntag, den sich viele Leute durch nichts nehmen lassen wollen.
Ziemlich eng, die Woche.

7. Das ist ja zum Lachen!

Der Schmunzelfaktor kommt dramatisch zu kurz in unserer so bitter ernst gewordenen Welt. Vor 50 Jahren wurde noch drei Mal so viel gelacht wie heute. Damit fallen wir nicht nur in ein Stimmungsloch, es versiegt damit eine Quelle mit unschätzbaren Kräften. Lachen fördert die Ausschüttung jener **Endorphine,** die uns zu verstärkter Aufmerksamkeit und Wahrnehmung verhelfen, redu-

Der Schmunzelfaktor kommt zu kurz. Ausgenommen ist diese Auslage

ziert **Stresshormone,** regt den Stoffwechsel an, löst Verkrampfungen und stimuliert außerdem das Gehirn.
Wer also seine Mitmenschen oder ein Publikum zum Lachen bringt, ist ein ganzes **Attnergy-Kraftwerk.** Doch Vorsicht, gar so leicht ist die Sache nicht! Humor und Schlagfertigkeit haben nicht alle drauf, Witzeerzähler sind latent gefährdet, in die Geschmacklosigkeit abzugleiten. Das Motto lautet daher: Gut oder gar nicht.
Lacherfolge sind ein schwieriges Unternehmen, bei dem unter Profis wenig dem Zufall überlassen wird. Für die Berühmtheiten des Unterhaltungsgeschäftes arbeiten oft gleich mehrere hoch bezahlte Gagschreiber wochenlang am Spaß für ein paar Minuten. Die Alternative: Man bediene sich des kleinen Bruders des Lachens, des Lächelns. Es hat ebenso stark positive Wirkung und kommt häufig zurück.

8. Zu den Kraftorten!

Aufmerksamkeit ist eine nicht ganz pflegeleichte „Pflanze“ und gedeiht nicht überall. Sie braucht genug Licht und Luft (Sauerstoff), sie schätzt anregende Farben und Düfte, inspirierende Pausen und sie mag keinen Lärm. Architekten haben sich dieses Themas leider nur beim

Bau von Theatern und Showpalästen angenommen und völlig außer Acht gelassen, dass auch in anderen Bauwerken Aufmerksamkeit sehr gefragt ist. Ein symbolisches Problem für zu wenig Interesse: Viele Schulen und Bildungseinrichtungen leiden, wie Studien nachweisen, unter **ganz miserabler Akustik.** Zu viel Hall und zu hoher Grundgeräuschpegel schaffen extrem schlechte Sprech- und Hörbedingungen. In Deutschland ist bekannt, dass die in der Arbeitsstättenverordnung erlaubten Mittelwerte für Arbeitsplätze mit vorwiegend geistigen Tätigkeiten in Klassenzimmern, Seminarräumen und Hörsälen häufig um ein Drittel und mehr überschritten werden. In Österreich schätzen Experten die Situation ähnlich ein.

Stark erfolgsorientierte Bildungseinrichtungen und Schulungsabteilungen von Unternehmen machen sich immer öfter die Mühe, für besonders wichtige oder schwierige Lehr- und Lernprojekte Kraftorte der Aufmerksamkeit aufzuspüren. Fündig werden sie meist etwas abseits, wo die Fenster noch zu öffnen und die Pausen fast wie Urlaub sind.

9. Dialog statt Monolog!

Fein, dass es noch ein paar von diesen wahrhaft guten Menschen der Aufmerksamkeitskultur gibt: Sie kommen auf Besuch, schauen Stück für Stück die jüngsten Urlaubsfotos an, dann das Video vom Geburtstag und hören sich schließlich noch still Geschichten an, die sie nicht wirklich bewegen. Sie sitzen auch artig bei der Jahreshauptversammlung, bei der viel geredet und nichts gesagt wird. Doch die Zahl dieser Geduldigen und Höflichen nimmt ab. Die **Zapping-Gesellschaft** hat gelernt, aus der faden Mitte blitzschnell auszubrechen. Wenn Information nicht wirklich interessant ist, Unterhaltung nicht echt Spaß macht und vor allem, wenn man sich **nicht angesprochen** fühlt, wird die Kurve gekratzt. In Form eines Ortswechsels oder einer sehr abwesenden Anwesenheit.

Wer die Aufmerksamkeit seiner Zuhörer haben will, muss unbedingt wissen, was sie bewegt, und sollte mit ihnen so gut wie möglich in Kontakt bleiben. Dialogisch denken und handeln – das ist Attnergy. **Monolog ist out!**

10. Mach mal Pause!

Es handelt sich bei dieser Botschaft eindeutig um mehr als einen begnadeten Werbeslogan mit Langzeitwirkung. Die Pause – in einer von Leistung besessenen Gesellschaft zu Unrecht in Verruf geraten – würde weit mehr Anerkennung verdienen, als sie derzeit erhält. Schon lange ist bekannt, dass wir sie zur Regeneration unseres Organismus dringend brauchen. Der Körper verlangt nach 90 bis 120 Minuten danach, bekommt aber diesen Wunsch – abgesehen von Berufen mit körperlicher Anstrengung – nur selten erfüllt. Das entspannende Zurücklehnen für 10 bis 20 Minuten widerspricht dem Klischeebild vom tüchtigen Mitarbeiter mit Karrierepotenzial genauso wie dem vom nimmermüden, führungsstarken Chef. Dabei steht fest, dass kurze Zwischenstopps die wichtigste Antwort auf die Reizüberflutung der Aufmerksamkeitskultur sein müssten.

Besonders giert der Körper nach einem **Mittagsschläfchen**! 30 Minuten davon reichen den von Informationen

Der Körper verlangt nach Pausen. Aber wer traut sich?

übersättigten Neuronen-Netzwerken im visuellen Kortex, um den Vormittagsstress loszuwerden. Und sie geben dem gesamten Körper Kraft für die zweite Halbzeit des Tages. Mutige Zeitgenossen befestigen zu diesem Zweck eine Hängematte im Büro oder rollen einfach eine Schaumstoffmatte auf dem Fußboden aus und treten eine Kurzreise ins Träumeland an. Was freilich nur dann Sinn macht, wenn sie sich – mit Hilfe eines Türschildes und eines umgeleiteten Telefons – wirklich Ruhe verschaffen können.

In Deutschland würde das laut einer Untersuchung jeder Dritte gerne tun, aber nur sechs Prozent trauen sich. In den Mittelmeerländern hat schon aus klimatischen Gründen die Siesta Bedeutung. In den USA und in Japan ist ein **„Power-Nap“** völlig selbstverständlich. Viele Chefs drängen ihre Mitarbeiter sogar dazu und wissen

Ganz schön mutig! Hängematte im Büro

warum. Ab 13 Uhr stolpert der Mensch, wie jeder aus eigener Erfahrung weiß, in ein Formtief. Weil um diese Zeit Aufmerksamkeit und Reaktionstempo stark nachlassen, kommt es zu vielen Fehlern. Das kann teuer für das Unternehmen und schmerzhaft für den Mitarbeiter sein, denn der frühe Nachmittag ist akut anfällig für Arbeitsunfälle. Was manche Bosse noch mehr beeindruckt: Nach einem kurzen Schlafdoping steigt die Leistungskraft um bis zu 30 Prozent!

> **„Das sollte allen Chefs zu denken geben: Nach einem kurzen Nickerchen in der Mittagszeit nimmt die Leistungskraft um 30 Prozent zu"**

Auf das Sicherheitsargument haben viele große Fluggesellschaften reagiert. Sie erlauben ihren **Piloten** auf Langstreckenflügen ein kurzes Nickerchen und tragen damit dazu bei, dass dieses Thema hierzulande endlich professioneller gesehen wird. Auch eine Geschäftsidee aus Japan wartet auf Nachahmung. In den „Nap-Shops" ziehen sich die Mittagsmüden in großen Räumen in Zelte zurück, die dort stundenweise zu mieten sind.

Pausen aller Art sind sehr vielseitig: In ihnen schöpft man Kraft und lädt die Batterien der Aufmerksamkeit auf. Letzteres allerdings nur, wenn die Ruhephasen nicht für Tätigkeiten genützt werden, die – wie etwa Fernsehen – wieder Aufmerksamkeit brauchen.

Pausen geben Attnergy, weil sie kostbare Zeitzonen der Entdeckung sind. Sie eröffnen die Chance, in jenen Rhythmus der Gehirnströme zu gelangen, der als Idealbedingung für **tiefe Erkenntnis und Kreativität** gilt. Immer weniger Menschen schaffen den Weg in dieses faszinierende Revier der beflügelnden Entspannung mit einem Rhythmus der Gehirnströme zwischen 7 und 14 Hertz – den so genannten „Alpha-Zustand". Die meisten haben selbst beim stillen Nachdenken Werte von über 20 Hertz. Sie können nicht richtig loslassen.

Damit nicht genug. Pausen sind für das Lernen von unschätzbarer Bedeutung. Das Gehirn braucht sie, damit es den Stoff ins Langzeitgedächtnis verlagern kann. Richtig gelingt das allerdings nur in ruhiger Umgebung. Die zu finden ist bekanntlich nicht immer einfach.
Bleibt noch eine wichtige Frage offen: Wann macht man Pause? Am besten bevor die Übermüdung wirklich spürbar ist. Schenken Sie sich selbst also Aufmerksamkeit, um den richtigen Augenblick nicht zu übersehen!

11. Vorhang auf!

Es kommt nicht nur im Theater und im Kino, sondern auch im täglichen Leben immer wieder auf die bessere Regie, auf die **Dramaturgie** an. Ein Dorado für Attnergy! Wer bei einem kleineren oder größeren Event genau im richtigen Augenblick erscheint, statt einfach irgendwie zu kommen, hat alle Augen auf sich gerichtet. Die sollte man nicht enttäuschen – mit perfektem Outfit und dem gewissen Etwas mehr, das sie von all den anderen gut Gekleideten unterscheidet. Die persönliche Note. Frech, aber nicht aufdringlich. Frauen haben es da viel leichter, dafür schaffen es Männer eher, zu überraschen. Aber sicher nicht mit einer grell bunten Krawatte. Schon eher mit Schal, Kopfbedeckung oder markanter Brille. Nachdenken ist angesagt.

> **„Wer im richtigen Augenblick erscheint, hat alle Augen auf sich gerichtet“**

Kupfern wir die Inszenierungen von Profis ab! Die kennen keine großen Augenblicke ohne Musik, ihre Auftritte sind von Fanfaren, Trommelwirbeln oder den passenden Ohrwürmern begleitet. Sie zeigen, dass Licht und Farben verlässliche Partner im Ringen um Aufmerksamkeit sind und dass bei wichtigen Anlässen nichts dem Zufall überlassen werden darf.

12. Ab die Post!

Waren das noch Zeiten, als man sich stundenlang Mühe gab, in Handarbeit ein Briefkunstwerk entstehen zu lassen, um dann tage-, wenn nicht wochenlang der Antwort entgegenzufiebern. Wer heute Mitmenschen mit seiner Botschaft erreichen und beeindrucken möchte, hat es wahrlich nicht leicht. Im Gegenteil. Es wird immer schwieriger, für den Worttransport das geeignete Vehikel zu finden. Denn so unglaublich viele erreichen ihre Ziele nicht mehr.

Täglich landen tausende Briefe beim **Altpapier,** obwohl die Absender schon tief in der Trickkiste wühlen. Sie gaukeln den Adressaten handgeschrieben private Vertraulichkeit vor, sie inszenieren Glücksbotschaften oder amtliche Dringlichkeit – jedoch nur wenige trauen all dem noch. Täglich landen aus Versehen tausende wichtige E-Mails gemeinsam mit dem Spam-Schrott beim **Cyber-Müll.** Und täglich läuft auch sonst so einiges schief, wenn die Drähte glühen.

Attnergy sucht den frechen, kreativen Weg als Ziel. Als Anregung soll die folgende – nicht restlos ernst zu nehmende – Typologie dienen. Sie teilt die kommunikationsfreudigen Zeitgenossen in fünf Gruppen und geht davon aus, dass die Grenzen dazwischen fließend sind.

- **Simsen wir!** Die jungen, informations- und erlebnishungrigen Cyber-Kids – sie simsen (per SMS), chatten und mailen, dass es nur so raschelt im Multimediawald. Alles mit Vollgas und in einer Sprache, die die Elterngeneration oft in Ratlosigkeit stürzt. Als Brücke zur anderen Welt kommt vorwiegend ein Anruf am Handy in Frage. Aber wer weiß, vielleicht ist gerade das Herkömmliche schon wieder originell. Wow, ein Brief!
- **Ach, wie wichtig!** Die eher männlich dominierten Bedeutungsbürger – sie gehen keinen Schritt ohne Laptop und mehrere Handys. Sie taumeln in eine Prestigekrise, wenn drei Minuten lang nichts bimmelt, und wollen dennoch unerreichbar wirken. Briefe wehrt die Sekretärin ab und selbst die E-Mails, die

sie lesen, teilen ihnen nichts mit. Da bleibt nur eines: die Putzfrau bestechen, dass sie eine Flaschenpost ins Waschbecken legt. Oder Ähnliches.

- **Eines Tages!** Die sanften Draufgänger – sie würden so gerne, aber es klappt noch nicht. Ihre technische Ausstattung ist vom Feinsten, aber sie kennen sich kaum aus damit. An ihnen verzweifeln die Verkäufer in den Elektromärkten und die Systembetreuer im Unternehmen. Ihr großer Durchbruch wird mit der schon ewig lange angekündigten Bedienerfreundlichkeit neuer Generationen elektronischer Geräte kommen. Ein dezenter Hinweis: Sie freuen sich diebisch über ein SMS und ihre Kinder zeigen ihnen, wie man es lesen kann. Zur Sicherheit empfiehlt sich auch ein E-Mail.
- **Oldie-Power!** Die reiferen Entdecker – sie haben in der Pension endlich Zeit, die komplizierten Bedienungsanleitungen zu lesen, und lassen dann manche Jungen recht alt aussehen. Bei ihnen gibt es nur eines: per SMS eine Runde im Chat vereinbaren.
- **Gute, alte Zeit!** Die Verweigerer dessen, was sie „technischen Firlefanz“ nennen – sie schreiben noch Briefe, besitzen kein Handy, halten SMS für eine Krankheit und schreiben Jet statt Chat. Wenn überhaupt. Nicht alle von ihnen sind bereits im Ruhestand. Was sie in Staunen versetzen könnte: ein Brief – mit dem Fahrradboten zugestellt.

13. Im Doppelpack!

Keine Frage. Moderne, **multimediale Präsentationstechniken** sind so gut wie unverzichtbar geworden. Sie schöpfen aus einem derart breiten Attnergy-Repertoire, dass selbst charismatische Persönlichkeiten mit meisterhafter Wortgewandtheit davon sehr profitieren können. Um nur einige der Pluspunkte zu nennen:

Der solcherart ermöglichte Einsatz von Bildern verstärkt die Aufmerksamkeit ganz erheblich, dient der Anschaulichkeit, spricht die Gefühle an und hilft dem Langzeitgedächtnis kräftig nach.

VORSICHT! AUCH MULTIMEDIA HAT SO SEINE TÜCKEN

- Visuelle Aufbereitung in Form von Grafiken macht komplizierte Themen leichter verständlich.
- Stichworte helfen bei der inhaltlichen Orientierung.
- Ohne sorgfältige Vorbereitung geht nichts – und damit bekommen Themen ziemlich verlässlich eine Struktur. Und einen Zeitplan.
- Ein Firmen-Logo hat wenig so gute Auftrittsmöglichkeiten wie diesen – man erlebt es meist nicht als Werbung, sondern als Urheberschutz.

Andererseits hat Multimedia auch **Tücken,** die nicht ganz unerheblich sind.

- Manche Vortragenden glauben, sich hinter ihrer Präsentation verstecken zu können. Sie beschäftigen sich mehr mit der Maustaste als mit dem Publikum, vergessen oder vermeiden aus Unsicherheit bewusst den Blickkontakt mit dem Publikum.
- Die Vorführung von „Fremdarbeit" wird oft auf die zu leichte Schulter genommen. Wenn der Chef mit dem Werk seiner tüchtigen Mitarbeiter glänzen will, kann

das gründlich daneben gehen. Nämlich dann, wenn er sich damit nicht genügend identifizieren kann. Dem steht in der Praxis oft Zeitmangel im Weg.

- Vorsicht, Konfektionsgefahr! Viele aus dem Internet „geborgte“ Schablonen, Ideen und Videoclips sind bereits etwas überrepräsentiert. Das kostet Attnergy.

14. Es geht ums Prinzip!

Erinnerung, die erste: Sie sind eine optimale Checkliste, wenn es um Attnergy geht – die zehn Prinzipien der **Aufmerksamkeit,** die in diesem Buch beschrieben sind. Wer im Wettkampf der Sinne gewinnen kann, Leuchttürme, Farben, schwarze Schafe und lila Kühe für sich arbeiten lässt, wer Gewöhnungseffekte, Pole-Position und urzeitliche Prägungen des Menschen bedenkt – dem gehört die Welt.

15. Ist da jemand?

Erinnerung, die zweite: Bedenken Sie bei Ihren Eroberungsfeldzügen von Aufmerksamkeit, wie viele Leute Ihre Signale aus zahlreichen Gründen nicht oder nur teilweise wahrnehmen können: Millionen Menschen wanken **übermüdet** durch den Tag, unglaublich viele sind durch akuten **Lichtmangel** beeinträchtigt. **Hörschäden** wurden zur weltweit am stärksten verbreiteten Behin-

derung, bereits jeder vierte Jugendliche hat Hörprobleme. Etwa 15 Prozent der Bevölkerung sind funktionelle **Analphabeten.** Bis zu zehn Prozent unserer Kinder leiden am Aufmerksamkeitsdefizit- und Hyperaktivitätssyndrom **(ADHS)**, das weder sie selbst noch ihre Umgebung zur Ruhe kommen lässt. Ganz abgesehen von der rasant wachsenden Zahl betagter Menschen, deren Sinne der Informationsfülle des Zeitalters der Aufmerksamkeitskultur zunehmend nicht mehr gewachsen sind. Sie alle und viele mehr, die in der Flut der Reize nicht mithalten können, sollten wir bei aller kommunikativer Leidenschaft keinesfalls aus den Augen, Ohren und Gefühlen verlieren.

Danke für Ihre Aufmerksamkeit.

Literaturverzeichnis

Alessandra, Tony; Hunsaker, Phil: Erfolg durch Kommunikation, München 1995

Birkenbihl, Vera F.: Stroh im Kopf, 41. Auflage, Landsberg 2003

Birkenbihl, Vera F.: Signale des Körpers, 15. Auflage, Landsberg 2001

Birkenbihl, Vera F.: Kommunikationstraining, 19. Auflage, Landsberg 1997

Birkenbihl, Vera F.: Kommunikation für Könner, 4. Auflage, Landsberg 1997

Birkenbihl, Vera F.: Signale des Körpers, 13. Auflage, Landsberg 1998

Braun, Roman: Die Macht der Rhetorik, Frankfurt/Wien 2001

Calvin, William H.: Die Sprache des Gehirns, deutsche Ausgabe, München,Wien 2000

Cruse, Holk; Dean, Jeffrey; Ritter, Helge: Die Entdeckung der Intelligenz, München 1998

Damasio, Antonio R.: Descartes' Irrtum, 6. Auflage, München 2001

Dörffler, Johannes: Die Kunst der Menschenkenntnis, Sonderausgabe, Rastatt 1994

Enkelmann, Nikolaus B.: Charisma, 3. Auflage, Landsberg/Lech 2000

Farke, Gabriele: OnlineSucht, Stuttgart, 2003

Franck, Georg: Ökonomie der Aufmerksamkeit, München, Wien 1998

Gegenfurtner, Karl R.: Gehirn & Wahrnehmung, Frankfurt 2003

Gehirn & Geist, alle Ausgaben

Grof, Stanislaw u. a.: Wir wissen mehr als unser Gehirn, Freiburg 2003

Häusel Hans-Georg: Think Limbic, 2. Auflage, Planegg/München 2002

Heller, Eva: Wie Farben wirken, Sonderausgabe, Reinbek 2002

Hüther, Gerald: Bedienungsanleitung für ein menschliches Gehirn, 3. Auflage, Göttingen 2002

Lauster, Peter: Menschenkenntnis, München 2001

Lemmermann, Heinz: Lehrbuch der Rhetorik, 7. Auflage, München 1997

Lurija, Alexander R.: Das Gehirn in Aktion, 6. Auflage, Reinbek 2001

Meier-Koll, Alfred: Wie groß ist Platons Höhle?; Reinbek 2002

Molcho, Sammy: Körpersprache, München 1998

Morris, Desmond: Bodytalk, München 1997

Morris, Desmond: Der Mensch, mit dem wir leben, München 1981

Negroponte, Nicholas: Total Digital, New York, 1995

Norretranders, Tor: Spüre die Welt, Reinbek 1997

Thiel, Erhard: Die Körpersprache, München 1996

Pollmer, Udo; Fock, Andrea; Gonder, Ulrike; Haug, Karin: Liebe geht durch die Nase, Köln 2001

Pürer, Heinz (Hrsg.): Praktischer Journalismus in Zeitung, Radio und Fernsehen, Salzburg, 1996

Ratey, John J.: Das menschliche Gehirn. Eine Gebrauchsanweisung, New York, Düsseldorf, Zürich 2001

Roth, Gerhard: Fühlen, Denken, Handeln, Frankfurt 2001

Roth, Gerhard: Das Gehirn und seine Wirklichkeit, Frankfurt 1996

Röthlein, Brigitte: Sinne, Gedanken, Gefühle, aktualisierte Neuausgabe, München 2002

Schnabel, Ulrich; Sentker, Andreas: Wie kommt die Welt in den Kopf?; 4. Auflage, Reinbek, 2000
Schulz von Thun, Friedemann: Miteinander reden, 1/2/3, 20. Auflage, Reinbek 2001
Seidl, Conrad; Beutelmeyer, Werner: Die Marke ICH, Wien/Frankfurt 1999
Topf, Cornelia: Körpersprache und Berufserfolg, Niedernhausen 1999
Wachtel, Stefan: Sprechen und Moderieren in Hörfunk und Fernsehen, 3. Auflage, Konstanz 1998

www.

apoll-online.de
aponet.de
biologie.uni-regensburg.de
br-online.de
chat-kommunikation.de
duden.de
farbe.com
geo.de
handelswissen.de
heise.de (Florian Rötzer)
komma-net.de
licht-akademie.de
lifeline.de
medialine.de
medialine.focus.de
members.aon.at
monomedia.hdk-berlin.de
morebrains.de
olfaktorik.de
pahlke-kunstwebdesign.de
quarks.de
sniffman.de
spiegel.de
stangl-taller.at
stiftunglesen.de
uni-protokolle.de
vdbiol.de
webwriting.ch
werbepsychologie-online.de
7art.de

Danksagung

Gewidmet meiner Gattin Dr. Eva-Maria, die mir beim Schreiben dieses Buches als anregend kritische Beraterin zur Seite stand und meiner Familie, die mich stets mit sehr viel kostbarer Aufmerksamkeit beschenkte.

B. C.

Umschlagbild: zefa
Illustrationen: Michael Köhler, Graz
Fotos: Bernd Chibici, Graz, bernd.chibici@iii-media.com
Umschlag und grafische Gestaltung: Andrea Malek,
Malanda-Buchdesign, Graz
Projektbetreuung: Verlagsagentur Mag. Michael Hlatky, Vasoldsberg
Druck: Druckerei Holzhausen, Wien
ISBN: 3-85493-094-1